快件处理员职业技能等级认定培训教材(初级)

国家邮政局职业技能鉴定指导中心　组织编写

人民交通出版社股份有限公司
北　京

内容提要

本书为"快件处理员职业技能等级认定培训教材"之一，依据《快件处理员国家职业技能标准》配套开发《快件处理员职业技能等级认定培训教材（初级）》。本书分为五章，即快件处理流程、总包接收、快件分拣、总包封发、快件信息管理。通过对本书的学习，从业人员可以系统掌握快件处理流程相关知识和技能，规范接收总包，分拣发运快件，封装总包，信息采集等操作。

本书可以作为快件处理员职业技能等级认定培训用书，也可作为技能提升培训以及相关院校学生实践操作的指导用书。

图书在版编目（CIP）数据

快件处理员职业技能等级认定培训教材：初级／国家邮政局职业技能鉴定指导中心组织编写. — 北京：人民交通出版社股份有限公司，2021.6
ISBN 978-7-114-17303-5

Ⅰ. ①快… Ⅱ. ①国… Ⅲ. ①邮件投递—运营管理—职业技能—鉴定—教材 Ⅳ. ①F618.1

中国版本图书馆 CIP 数据核字（2021）第 090430 号

书　　　名	快件处理员职业技能等级认定培训教材（初级）
著　作　者	国家邮政局职业技能鉴定指导中心
责任编辑	周　宇　王海南
责任校对	孙国靖　魏佳宁
责任印制	张　凯
出版发行	人民交通出版社股份有限公司
地　　　址	（100011）北京市朝阳区安定门外外馆斜街 3 号
网　　　址	http://www.ccpcl.com.cn
销售电话	（010）59757973
总　经　销	人民交通出版社股份有限公司发行部
经　　　销	各地新华书店
印　　　刷	北京市密东印刷有限公司
开　　　本	787×1092　1/16
印　　　张	6.5
字　　　数	109 千
版　　　次	2021 年 6 月　第 1 版
印　　　次	2021 年 6 月　第 1 次印刷
书　　　号	ISBN 978-7-114-17303-5
定　　　价	35.00 元

（有印刷、装订质量问题的图书，由本公司负责调换）

快件处理员职业技能等级认定培训教材编审委员会

顾　　问：刘　君
主　　任：张小宁
副 主 任：王风雷　左朝君　张　慧
编审委员：焦　铮　张　敏　徐建宾　林　睿　王　孟
　　　　　肖　雷　黄　蕊　曾　毅　沈晓燕　高俊霞
　　　　　申志军　周晓丰　李淑叶

主　　编：李　栋
副 主 编：杜华云
编写人员：李纪彬　徐崇丽　闫爱华

前言

邮政业是推动流通方式转型、促进消费升级的现代化先导性产业,邮政体系是国家战略性基础设施和社会组织系统,在国民经济中发挥着重要的基础性作用。党中央、国务院高度重视邮政业发展。党的十八大以来,习近平总书记多次就邮政业改革发展作出重要指示,强调要加强快递队伍建设。

为贯彻落实党中央国务院部署要求,深入推进邮政业技能人才评价制度改革,加强快递从业人员队伍建设,2019年12月,人力资源和社会保障部、国家邮政局共同颁布了《快递员国家职业技能标准》《快件处理员国家职业技能标准》。标准的颁布填补了行业国家职业技能标准的空白,为指导快递员、快件处理员职业培训,开展职业技能等级认定,提升人员能力素质奠定了基础,提供了支撑,促进了劳动者高质量就业、行业高质量发展。

快递员和快件处理员是快递服务的主要提供者,是快递服务体系的重要支撑保障。《中华人民共和国职业分类大典(2015年版)》中新增了快递员、快件处理员、快递工程技术人员3个快递领域职业,反映了快递业快速发展的新情况和从业人员的新特点。"快件处理员职业技能等级认定系列培训教材"是行业首套面向快件处理员的培训教材,由行业企业、协会、院校等多方力量编写审校而成。教材内容依据《快件处理员国家职业技能标准》(以下简称《标准》),按照初级、中级、高级、技师、高级技师5个等级整体设计,重点提升快件处理员的服务质量和水平,突出职业技能培训特色,旨在指导快件处理员学习培训,开展职业技能等级认定,为提升人员职业技能和职业素质,规范快递生产作业,促进快递业安全、绿色发展提供基本遵循和参考。教材中的章对应于《标准》的"职业功能",节对应于《标准》的

"工作内容",节中阐述的内容对应于《标准》的"技能要求"和"相关知识"。

  教材在编写过程中,山东工程技师学院的专家、学者承担了教材有关内容的具体编写任务;相关省(区、市)邮政管理局和快递协会对教材的编写给予了大力支持;菜鸟网络科技有限公司、顺丰速运有限公司、圆通速递有限公司、申通快递有限公司、中通快递股份有限公司、中外运-敦豪国际航空快件有限公司等多家快递企业为教材的编写提供了帮助,在此一并表示衷心感谢!由于时间及编者水平所限,书中难免存在不当之处,请广大读者批评指正并提出宝贵意见。

国家邮政局职业技能鉴定指导中心
2021 年 5 月

目录

第一章　快件处理流程及相关概念 ·· 001
　第一节　快件处理流程 ·· 001
　　一、快件处理中心的作用 ·· 001
　　二、处理流程概念 ·· 002
　　三、快件处理流程 ·· 003
　第二节　快件处理相关概念 ··· 004
　　一、总包的概念 ·· 004
　　二、作业术语 ··· 005
　　三、时限与频次 ·· 006

第二章　总包接收 ·· 007
　第一节　总包卸载 ··· 007
　　一、快件处理作业前准备 ·· 007
　　二、到站班车进站 ·· 007
　　三、验视、拆解车辆封志 ·· 008
　　四、卸载总包 ··· 010
　　五、疫情防控要求 ·· 014
　　六、快件处理场地安全知识 ·· 015
　第二节　总包验收 ··· 019
　　一、总包接收操作 ·· 019
　　二、总包验视内容 ·· 019
　　三、交接签字 ··· 020

第三节　总包拆解 …………………………………………………… 023
　　一、总包拆解方式 ………………………………………………… 023
　　二、总包拆解异常情况 …………………………………………… 025
　　三、度量衡知识 …………………………………………………… 025

第三章　快件分拣 …………………………………………………… 030
　第一节　快件查验 …………………………………………………… 030
　　一、快递运单 ……………………………………………………… 030
　　二、快件包装 ……………………………………………………… 037
　　三、禁限寄规定 …………………………………………………… 046
　　四、国际航空组织禁寄物品常用标识 …………………………… 054
　第二节　分拣操作 …………………………………………………… 060
　　一、分拣依据 ……………………………………………………… 061
　　二、分拣操作的基本要求 ………………………………………… 063
　　三、分拣中常见的异常件 ………………………………………… 065

第四章　总包封发 …………………………………………………… 067
　第一节　总包封装 …………………………………………………… 067
　　一、快件的登单 …………………………………………………… 067
　　二、总包的封装 …………………………………………………… 069
　第二节　总包装载 …………………………………………………… 071
　　一、总包堆码 ……………………………………………………… 071
　　二、总包装载 ……………………………………………………… 071
　第三节　交接发运 …………………………………………………… 072
　　一、总包路单的制作 ……………………………………………… 072
　　二、出站快件总包的交接 ………………………………………… 074
　　三、建立车辆封志 ………………………………………………… 075

第五章　快件信息管理 ……………………………………………… 076
　第一节　信息采集 …………………………………………………… 076
　　一、快件信息录入 ………………………………………………… 076
　　二、快件信息采集设备 …………………………………………… 077

三、条形码基础知识 ……………………………………… 078
　　四、条码识读设备 ………………………………………… 081
　　五、射频识别技术 ………………………………………… 082
　第二节　信息处理 ……………………………………………… 084
　　一、快件差异报告 ………………………………………… 084
　　二、快件信息查询 ………………………………………… 090
参考文献 ………………………………………………………… 091

第一章
快件处理流程及相关概念

第一节 快件处理流程

一、快件处理中心的作用

快递服务是一个有机的整体,每票快件从寄件人交寄到派送给收件人,都要经过快件收寄、处理、运输、派送四大作业环节。在快件传递过程中,收寄是传递的始端,派送是终端,中间环节是运输,而在收后、派前都要进行分拣封发处理。

1. 集散作用

快件处理环节将不同运输方式、不同路向、不同时段接收的快件,依据快递运单地址和收寄信息,经过整理、集中,再通过人工分拣或自动流水线分拣,封成总包后,发往目的地,这一过程实际上是由分散到集中,再由集中到分散的过程。集中和分散是快件传递处理的客观要求。集中和分散的程度是随着快件的流量、分发网络组织以及频次、时限规定的变动而变动的。

2. 控制作用

来自各方面的快件都要经过分拣中心进行集中处理。处理过程中,需要对这些快件的规格、流向等进行有效的质量控制检查,并对各种错误进行制约和纠正。如发现禁寄物品还需就地控制处理,不再发往下一环节,从而提高快递服务的全程质量,实现快件快速准确、安全便捷的传递。

3. 协同作用

快件的分拣封发既是快件运输的上一环节,也是快件运输的下一环节。也就是说,快件分拣封发的两端均与快件运输相衔接。做好上下环节的协作配合,不仅直接关系着分拣封发的作业质量,而且在一定程度上影响着快件处理全程的质量和效能。

二、处理流程概念

处理流程是指快递业务员对进入处理中心的快件进行分拣封发的全过程,包括快件到站接收、分拣、总包封装、快件发运等环节。根据处理中心在快递服务全程中所处的不同位置及所承担的功能,在快件处理方式上存在包进包出、散进包出、包进散出以及散进散出四种方式(图1-1)。

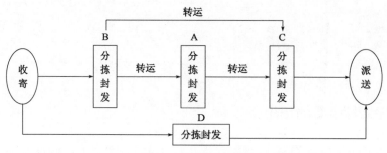

图 1-1　快件处理方式

(1)包进包出是指快件以总包的形式进入处理中心,经分拣封发后,再以总包的形式发往下一环节。包进包出的情况主要存在于图中的 A 处理中心,这些处理中心承担着中转枢纽的功能。

(2)散进包出是指快件以散件的形式进入处理中心,经分拣封发后,以总包的形式发往下一环节。散进包出的情况主要存在于图中的 B 处理中心,这些处理中心前端连接收寄处理点,后端连接另一处理中心。

(3)包进散出是指快件以总包的形式进入处理中心,经分拣后,以散件的形式发往派送处理点。如图中的 C 处理中心。

(4)散进散出是指快件以散件的形式进入处理中心,经分拣后,再以散件的形式发出。这类处理中心两端连接收寄处理点和派送处理点,如图中的 D 处理中心。散进散出是指快件不需要经过转运环节,同城快件的处理多属此类。

上述四种处理方式中,包进包出方式的处理环节最为全面,其他三种方式与包进包出方式的处理环节基本相似,只是少了其中的一个或几个环节。例如散进包出,不需要拆解总包,包进散出不需要建立总包,散进散出既不需要拆解总包,也不需要建立总包,其他的环节没有太大的区别。实际运行中,一个处理中心在整个快递服务过程中很有可能会承担着两种以上的处理功能,因此,在同一处理中心很可能会同时存在上述两种或两种以上的处理方式。

三、快件处理流程

快件处理流程是指快件处理员对进入处理中心的快件进行分拣封发的全过程。包括总包接收、总包卸载、总包拆解、快件分拣、清单制作、总包封装、装载车辆、车辆施封等环节。

1. 快件处理流程（图1-2）

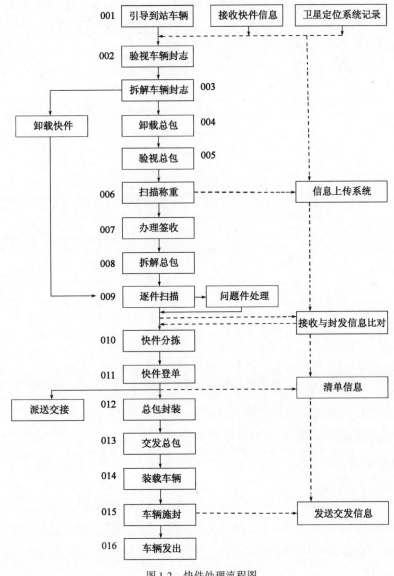

图1-2 快件处理流程图

2. 快件处理流程描述(表 1-1)

快件处理流程描述　　　　　　　　　表 1-1

活动编号	流程活动	流程活动说明
001	引导到站车辆	引导快件运输车辆准确停靠,并核对车牌号码
002	验视车辆封志	检查车辆封志是否完好,核对封志上的印志号码
003	拆解车辆封志	使用不同的工具,按照正确的方法将车辆封志拆解
004	卸载总包	把总包快件从运输车厢内卸出,注意安全,按序码放
005	验视总包	查点总包数目,验视总包规格,对异常总包交主管处理
006	扫描称重	对总包进行逐袋扫描比对,称重复核,上传信息并将扫描信息与总包路单核对
007	办理签收	交接结束后,交接双方在总包路单上签名盖章,有争议事宜在总包路单上批注
008	拆解总包	解开总包,倒出包内快件,检查总包空袋内有无漏件
009	逐件扫描	逐件扫描快件条码,检查快件规格,将问题件剔出,交有关部门处理
010	快件分拣	按快件流向对快件进行分类、分拣
011	快件登单	逐件扫描快件条码,扫描结束及时上传信息,打印封发清单
012	总包封装	制作包牌,将快件装入包袋并封口
013	交发总包	交接双方共同核对总包快件数量,检查总包规格、路向
014	装载车辆	按照正确装载、码放要求将总包快件装上运输车辆
015	车辆施封	交接双方当面施加车辆封志,保证封志锁好,核对号码
016	车辆发出	交接完毕,在总包路单上签名盖章,引导车辆按时发出

第二节　快件处理相关概念

一、总包的概念

为防止在运输途中超小快件(航空运输长、宽、高之和不得小于40厘米,铁路不得小于60厘米)发生遗失和信件型快件、快件运单被折叠或损坏,同时也为了便于快递服务过程中两环节的交接,缩短时间,提高效率,在快件运输环节中,往往采取将多个小件汇成总包运输的办法。

总包,是指将寄往同一寄达地(或同一中转站)的多个快件集中装入的容器或包(袋)。总包经封扎袋口或封裹牢固形成一体,便于运输和交接。总包必须拴有包牌或粘贴标签,同时总包内应附寄快件封发清单或在包牌及标签上写明内装件数。考虑到搬运方便,以及总包包袋的容量和承载能力限制,快件总包每包(袋)重量不宜超过32千克。

总包单件,是指有些快递企业为减少重复劳动,在保证快件安全质量的情况下,对较大快件不再装入总包空袋内,而是单独发运,但是在操作上视同总包,也必须登列交接单(路单),所以称作总包单件。

在实际操作中,所谓的总包往往涵盖了总包单件的概念。也就是说,狭义的总包仅仅指多个快件集中封装而成的总包,而广义的总包除此之外,还包括按照总包操作的总包单件。

二、作业术语

1. 接收

接收是指处理中心验视进站总包快件装载车辆的封志,检查总包快件规格,复核交接总包数量,并办理签收手续的处理过程。

2. 分拣

分拣是指将快件按寄达地址信息进行分类的过程,也就是指按快递运单书写的寄达地址,将快件分到规定格口内的处理过程。

3. 封发

封发是指按发运路线将快件进行封装并交付运输的过程。

4. 装运

装运是指将封装后的总包按规定装码在运输设备和工具中的过程。

5. 进站

进站是指其他处理中心发出的总包快件进入某一处理中心并被接收的过程。

6. 出站

出站是指某处理中心将封装好的其他处理中心的总包快件发运出去的过程。

7. 中转

中转是指快件的运输线路不能直接到达目的地,需通过中转环节再次处理后,转发至目的地的过程。

8. 直封

直封是指快件不需中转,直接封成总包发往目的地的过程。

三、时限与频次

1. 处理时限

处理时限是指在快件处理作业环节,从快件进站、经分拣封发到快件出站整个作业过程中不得超过的最大时间限度。

2. 频次

频次是指在规定时间内快件交接、封发的次数。处理环节的频次可分为交接频次和封发频次。交接频次是指每天交接快件的次数;封发频次是指在快件封发作业环节,对同一寄达地点每日封发的次数。

第二章
总包接收

总包接收是快件处理的第一个作业环节,在到站总包接收作业过程中,处理场地接收人员对到站车辆封志严格检查、开拆,车辆卸载后对交接总包的数量、规格和质量认真核对和检查,并按照交接验收规定填写快件交接单。

第一节 总包卸载

一、快件处理作业前准备

快件处理作业前必须做好有关准备工作,各岗位、各工序的作业人员应根据各自作业要求和内容,预先安排好相关工作,并准备好所需工具和用品,确保作业按部就班、紧密衔接、连续不断。

(1)检查有无快件处理的相关要求和操作变更通知,作业系统有无版本升级或操作变动。

(2)到指定地点领取条码扫描设备、唛头笔、拆解专用钳或剪、包牌、包签等。

(3)到指定地点领取封发总包用的封装容器、封志、封签等,并对需要预先粘贴在容器、总包空袋、封志上的总包条形码进行粘贴。

(4)到指定地点领取封扎快件总包用的专用夹钳、手携扎袋器、手携封包机等。

(5)到指定地点领取装运快件使用的各种专用车或器具。

(6)穿好工作服,佩戴工作牌和上岗劳动保护用品,如防护手套、护腰等。

(7)检查扫描分拣设备、条码采集器或阅读设备,核对作业班次和接发时间。

二、到站班车进站

到站快件按运输工具的不同可分为汽车运输到站快件、航空运输到站快件和火车运输到站快件。不管使用哪种运输工具,最后装载快件进入处理中心的都是汽车。

1. 进站操作

(1)引导快件运输车辆安全停靠到指定的交接场地。

(2)核对快件运输车辆牌号,查看押运人员身份。

(3)核对到站快件运输车辆的发出站、到达站/终到站、到达(开)时间,并在交接单上批明实际到达时间。

(4)检查车辆的封志是否完好,卫星定位系统记录是否正常。

2. 进站操作注意事项

(1)在引导车辆停靠到指定交接场地时,要注意车辆和人身安全,特别要注意工作人员在引导车辆时不能站在车的正后方。

(2)要认真核对车辆和押运人员身份。

(3)明确车辆到达时间是否延误。

(4)发现车辆封志异常,或有拆动痕迹,应立即上报场地主管,同时做好记录和拍照留存。

三、验视、拆解车辆封志

(一)车辆封志

1. 车辆封志的概念

车辆封志是固封在快件运输车辆车门上的一种特殊封志,其作用是防止车辆在运输途中被打开,保证已封车辆完整地由甲地运到乙地。封志是快件运输途中保证安全、明确责任的重要手段。随着信息技术的发展,现在也有一些快递企业使用卫星定位系统来监视快件运输车辆的车门,利用系统记录信息来确定车门是否被无故打开,从而提高快件运输过程中的安全性。

2. 车辆封志种类

车辆封志大体上可分为两大类:一类是实物封志,是有形的封志;另一类是信息封志,是无形的封志。

(1)实物封志

实物封志是传统的封志,也是目前绝大多数快递企业普遍使用的封志。实物封志成本较低,但是操作相对烦琐,且大多不能重复使用。

实物封志从材质上主要可分为以下三类:一是纸质类,如封条、封签等;二是金属类,如铅封、施封锁等,如图2-1、图2-2所示;三是塑料类,一般称塑料封志,如图2-3、图2-4所示。快递企业经常使用的是金属类和塑料类的封志。

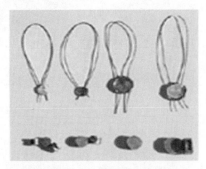

图2-1 铅质封志

图2-2 普通施封锁

图2-3 塑料封志1

图2-4 塑料封志2

(2)信息封志

信息封志是卫星定位系统与地理信息系统(GIS)结合的信息记录。它通过对车辆的运行和车门的开关进行即时记录来明确责任,事实上起到一种威慑作用。信息封志操作简单,但是技术要求高,投资大。

(二)拆解车辆封志的方法及要求

不同材质的车辆封志,拆解方法略有不同。对于施封锁,交接人员应该使用施封锁专用钥匙开启,并妥善保管钥匙以备查询及循环使用;对于金属封志、塑料封志等,交接人员应该使用剪刀或专用钳来拆解封志,剪开封绳。

拆解车辆封志,首先要认真检查封志是否已被打开,封志上的印志号码或封志标签是否清晰可辨。如果铅封印志模糊、塑料封志反扣松动能被拉开,都需要在交接单上进行注明。然后扫描封志上的条形码并与上一环节所发信息比对,如果是手工登记,注意需与交接单内容进行核对。最后在拆解时,需要注意不得损伤封志条码或标签(图2-5)。

图2-5　拆解车辆封志

四、卸载总包

卸载总包就是将进站总包从快件运输车辆上卸载到处理场地的作业过程。卸载总包时要按规定搬运,注意快件的安全。为提高作业效率,各快递企业的实际操作往往是卸载总包和总包的交接验收同时进行。

1. 卸载操作主要内容

(1)按照要求卸载总包,不得有抛掷、拖拽、摔打、踩踏、踢扔、坐靠及其他任何有可能损坏快件的行为,卸载时总包袋口不得拖地(图2-6~图2-8)。

图2-6　不准抛掷快件　　图2-7　不准踩踏快件

（2）对于贴有易碎品标志的总包单件要轻拿轻放，放置时需要在快件底部低于作业面30厘米的时候才能放手（图2-9）。

图2-8　禁止拖拽快件　　　　图2-9　轻拿轻放易碎品快件

（3）卸载破损总包时，应注意保护内件，避免出现二次损坏快件的现象。

（4）使用机械或工具辅助卸载，应正确操作卸载机械或工具，禁止野蛮粗暴操作及其他任何有可能损坏快件的操作。

（5）遇到雨雪天气，卸载总包时应做好防水防潮及受潮物品处理工作。如遇有受潮快件，应妥当处理，严禁挤压、烘干受潮物品等（图2-10）。

（6）卸载总包后，应区分直达和中转路向、手工与机械分拣快件，并按堆位要求分别码放。

（7）码放时做到重不压轻，大不压小。码放的总包有序、整齐、稳固，总包袋口一律向外（图2-11）。

图2-10　雨天卸载快件做好防护　　图2-11　堆码快件重不压轻，大不压小

（8）偏大、偏重的总包单独码放或码放在底层，以防码放时砸坏轻件、小件；易碎物品、不耐压的快件放置顶层或单独码放；对标有不准倒置、怕晒、怕雨、禁止翻滚、堆码重量和层数受限的快件，应按操作标准进行作业（图2-12、图2-13）。

图 2-12　按要求堆码有重量和层数限制的快件　　图 2-13　禁止倒置、翻滚有方向要求的快件

（9）卸载在拖盘、拖车、拖板上的总包，码放高度一般不超过把手。

（10）不规则快件、一票多件快件、需特殊处理或当面交接的快件应该单独码放。

（11）水湿、油污、破损的总包应交专人处理。

（12）卸载结束后，接收人员应检查车厢和场地周围有无其他遗留快件。

2. 卸载作业的安全要求

（1）在车辆停靠稳妥后再进行卸载作业，进出车厢应使用防护扶手，避免摔伤。

（2）着装规范，防护用品佩戴齐全，避免身体受到伤害。如佩戴专用防护腰带、穿好防护鞋（图 2-14、图 2-15）。

图 2-14　佩戴专用防护腰带　　图 2-15　佩戴专用防护手套和穿防护鞋

（3）卸载体积偏大、偏重的总包快件，应双人或多人协同作业及使用设备卸载（图 2-16）。

（4）卸载金属包装或表面不光滑、带有尖锐物包装的快件，或者其他任何有可能造成伤害的快件,应戴专用防护手套。

（5）如果卸载快件有内件物品破损并渗漏出液体、粉末状固体、半固体状物品,或者漏出内件疑似有毒、为不明化工原料时,必须使用专用防护工具和用品或防护设备进行隔离,不得用身体直接触摸或鼻嗅(图2-17)。

图2-16　体积大或重快件双人作业　　图2-17　渗漏液体粉末状等不得用鼻嗅

（6）卸载总包如果堆码在手动运输的托盘、拖车、拖板上,注意堆码重量不得超过设备材质和承载的限定要求,堆码宽度应小于底板尺寸。对于托盘、拖车,堆码高度不应高于托盘和拖车;对于拖板,堆码高度不应高于标准人体高度,以防在快件倒塌时被砸伤(图2-18)。

 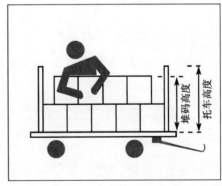

图2-18　堆码高度

（7）使用托盘、拖车运输时,应分清车头车尾,不得反向操作。拉运快件时,应目视前方,不得左顾右盼(图2-19)。

（8）卸载使用的机械或工具,不得载人(图2-20、图2-21)。

图 2-19　拉运快件不得左顾右盼，应目视前方

图 2-20　不准搭乘快件搬运车辆

图 2-21　快件搬运车不准站立人员

五、疫情防控要求

在新冠肺炎疫情防控工作新形势下，为加强和改进行业新冠肺炎疫情常态化防控工作，国家邮政局于 2020 年制定了《疫情防控期间邮政快递业生产操作规范建议（第六版）》，以邮政快递企业生产作业场所为重点，进一步优化防控措施，有效控制风险，保障从业人员生命安全、身体健康和行业高质量发展及安全稳定运行。

1. 岗前自我检查

上岗前检查工作服、口罩、手套和手消毒剂等个人防护用品的数量和质量，并测量体温。如出现体温异常，应报告单位并及时就医。

2. 做好清洁消毒

适当增加配送箱清洁消毒频次，对运送快件车辆的封闭式箱体、闸把、扶手等频繁接触的部位，用有效氯 500 毫克每升的含氯消毒剂擦拭消毒，作用 30 分钟后用清水擦净。

3. 物品分区放置

在快件装载过程中,尽量将生鲜类与其他类快件分区放置。

4. 牢记个人防护

在快件装运过程中,应佩戴口罩、手套,口罩或手套弄湿或弄脏后,应及时更换。

5. 休息减少聚集

休息时,快件处理员之间应减少聚集。

6. 生活环境清洁

(1) 加强室内空气流通,尽量采用自然通风或使用排气扇加强空气流通。如使用分体式空调,使用前要清洁,使用中每运行2~3个小时通风换气20~30分钟。

(2) 卫生间洗手设施运行正常,并配备洗手液等。

(3) 检查下水管道、卫生间地漏等的U形管水封,缺水时应及时补水。

(4) 及时清洗工作服、保洁用品等,定期消毒。

7. 做好应急应对

若出现发热、干咳、乏力、鼻塞、流涕、咽痛、腹泻等疑似症状时,主动报告单位并及时就医。

尽量避免乘坐公交、地铁等公共交通工具,前往医院的路上和在医院内应当全程佩戴口罩。接触新冠肺炎疑似病例或确诊病例后,及时主动报告单位并配合做好密切接触者的追踪和流行病学调查。

六、快件处理场地安全知识

(一) 处理场地的快件安全

快件处理场地是快件吞吐的集散地,每天都有大量的快件经过多名场地操作人员直接处理完成作业,也是快件和操作人员最密集及处理票数最多的地方,为保障快件安全和信息安全,快件处理场地应注意以下几点要求:

(1) 不得向工作人员以外的任何人泄露和私自抄录快件封面所写的收、寄件人的地址和姓名。

(2) 严禁将快件带离处理场地,进入私人家中、宿舍,或与场地作业无关的其他场所。

(3) 任何人不得将私人拎包(袋)带进处理现场。快件处理场地配设存放生产使用工具、业务单式和用品的专柜或抽屉,不准存放私人物品。

(4)快件处理场地内,不得设有更衣室。更衣室必须与现场严格分离。

(5)发现隐匿、毁弃或非法开拆他人快件的行为,必须及时向处理场地主管报告。

(6)发现处理的快件封装破损或裂口,应交专人处理,不得擅自处理或置之不理。

(7)班次结束时,未处理的快件应妥善交由交接班人员接管或交由专人保管。

(8)快件处理场地内不得使用明火、电热杯、电炉等。

(9)快件处理场地应防止快件被水湿、污染等情况发生。

(10)快件长时间滞留或留存应防鼠咬发生。

(11)快件处理场地不得存放易燃、易爆和强腐蚀性物品。

(12)快件处理场地必须设置监视系统,关键部位要安装摄像头。

(13)发现安全隐患或设备非正常运转时应及时报告或处理。

(二)处理场地防火知识

客户交寄的快件大部分是可燃物,快件分拣中心一旦失火,就会迅速蔓延,造成严重损失。《建筑设计防火规范》(GB 50016—2014)规定邮件处理中心(包括快件处理中心)为一级耐火等级。为保障客户利益和企业效益不受损失,保护人身和财产安全,快件处理作业人员必须掌握一定的防火知识,快件处理场地要配备一定数量的灭火器具,保证每名作业人员了解灭火器具的放置地点并能熟练掌握灭火器具的使用方法。

1. 火灾种类

A 类:指固体有机物质燃烧的火。

B 类:指液体或可融化固体燃烧的火。

C 类:指可燃气体燃烧的火。

D 类:指轻金属燃烧的火。

2. 灭火器的种类

灭火器的种类大体上有两种:第一种是储气瓶式、储压式和化学反应式;第二种是泡沫、干粉、卤代烷、二氧化碳、酸碱和清水等。

快件处理作业现场通常配备手提式或推车式的泡沫灭火器、干粉灭火器。

3. 泡沫灭火器和干粉灭火器的使用

1)干粉灭火器适用火灾及使用方法

碳酸氢钠干粉灭火器适用于易燃、可燃液体、气体及带电设备的初起火灾;磷酸铵盐干粉灭火器除可用于上述几类火灾外,还可扑救固体类物质的初起火灾。但以上两种灭火器都不能扑救金属燃烧火灾。干粉灭火器的使用方法是在距燃烧处 5 米左右放下灭火器。如在室外,应选择在上风方向喷射。使用的干粉灭火器若是外挂储压式的,操作员应一手紧握喷枪(喷管)、另一手提起储气瓶上的开启提环。

干粉灭火器扑救可燃、易燃液体火灾时,应对准火焰根部扫射,如果被扑救的液体火灾呈流淌燃烧时,应对准火焰根部由近而远,并左右扫射,直至把火焰全部扑灭。

使用磷酸铵盐干粉灭火器扑救固体可燃物火灾时,应对准燃烧最猛烈处喷射,并上下、左右扫射。如条件许可,使用者可提着灭火器沿着燃烧物的四周边走边喷,使干粉灭火剂均匀地喷在燃烧物的表面,直至将火焰全部扑灭。使用方法如图 2-22 所示。

1. 右手握着压把,左手托着灭火器底部,轻轻地取下灭火器

2. 除掉铅封

3. 拔掉保险销

4. 左手握着喷管,右手提着压把
5. 在距火焰 2 米的地方,右手用力压下压把,左手拿着喷管喷射,使干粉灭火剂覆盖整个燃烧区

图 2-22　干粉灭火器的使用方法

2）手提式泡沫灭火器适用火灾及使用方法

手提式泡沫灭火器适用于扑救一般 B 类火灾，如油制品、油脂等火灾；也可适用于 A 类火灾；但不能扑救 B 类火灾中的水溶性可燃、易燃液体的火灾，如醇、酯、醚、酮等物质火灾；也不能扑救带电设备及 C 类和 D 类火灾。

使用方法：用手抓住筒体上部的提环，快速奔赴火场。在奔跑中不得使灭火器过分倾斜，更不可横拿或颠倒，以免两种药剂混合而提前喷出。到达着火点后将筒体颠倒过来，一只手紧握提环，另一只手扶住筒体的底圈，将射流对准燃烧物。在扑救液体火灾时，注意不要直接对准液面喷射，以免由于射流的冲击，反而将燃烧的液体冲散或冲出容器，扩大燃烧范围。在扑救固体物质火灾时，应将射流对准燃烧最猛烈处。使用方法如图 2-23 所示。

1. 右手握着压把，左手托着灭火器底部，轻轻地取下灭火器；右手捂住喷嘴，左手执筒底边缘

2. 把灭火器颠倒过来呈垂直状态，用劲上下晃动几下，然后放开喷嘴

3. 右手抓筒耳，左手抓筒底边缘，把喷嘴朝向燃烧区，站在离火源 8 米的地方喷射，并不断前进，兜围着火焰喷射，直至把火扑灭

图 2-23　泡沫灭火器的使用方法

4. 灭火器的保存与注意事项

(1)干粉灭火器存放时不能靠近热源或日晒,注意防潮,定期检查驱动气体是否合格。

(2)泡沫灭火器存放应选择干燥、阴凉、通风并取用方便之处,不可靠近高温或可能受到暴晒的地方,以防止碳酸分解而失效;冬季要采取防冻措施。

(3)二氧化碳灭火器存放时严禁靠近热源,定期检查是否泄漏。

第二节 总包验收

一、总包接收操作

(1)按车辆到达的先后顺序接收总包(有特殊规定的除外)。

(2)不同批次或车次的总包应该分别接收,不得混淆处理。

(3)总包接收处理要求两人或两人以上作业。

(4)接收总包时,收方负责逐包扫描,同时验视总包,复核总包数量、规格。交方负责监督总包的数量。

(5)对总包进行逐包扫描称重,完毕后上传信息比对扫描结果,或将扫描信息与交接单内容进行核对。

(6)发现总包异常,应及时、准确地做出处理。

(7)发现总包数量、路向等与信息不符,应及时、准确地做出处理或反馈。

(8)接收操作快速、准确,应在规定时间内完成总包的接收处理。

二、总包验视内容

接收总包时,应对总包做以下方面的验视:

(1)总包发运路向是否正确。

(2)总包规格、重量是否符合要求。

(3)包牌或标签是否有脱落或字迹不清、无法辨别的现象。

(4)总包是否破损或有拆动痕迹。

(5)总包是否有水湿、油污等现象。

三、交接签字

1. 交接单

交接单是快递服务网络中运输和处理两个部门在交接总包时的一种交接凭证,是登记交接总包相关内容(交接单号码、总包包号、发寄地、寄达地、总包数量、重量、快件种类等)的一种单式。由于交接单一般在快件运输押运人员与分拣中心之间使用,因此,有的快递企业也将交接单称为路单。

在快件处理过程中,虽然各快递企业使用的交接单形式多样,但功能基本相同,一般都用于登记总包信息。有的交接单登记内容详细,有的只登记总包数量及简要相关信息。

2. 交接单的作用

(1) 真实记录了两作业环节交换总包时实际发生的相关内容,是快件业务处理的证明。

(2) 快递企业与委托承运部门或企业进行运费结算的依据。

(3) 明确两作业环节之间总包交换责任界限,并促成互相监督制度执行的重要措施。

(4) 进行总包查询和赔偿的凭证。

3. 几种常见交接单单式(表2-1)

几种常见交接单单式   表2-1

	专业快递物流供应商
交接单式一	始发地:_____ 到达地:_____ 物件交接单 序号|发件公司|运单号码|收件公司地址(城市名)|物品|重叠|到付|备注 1~10 注:物品"×",收件人付费"×" 20__年_月_日 分拣员____ 复核员____ 总机: 集散中心: 分机: (白联发件公司留存 粉联收件公司留存)

续上表

交接单式二	**深圳航空组快件交接单** 	快件单号	交接人	交接时间	接收部门	接收人	备注	 |---|---|---|---|---|---| | | | | | | | | | | | | | | | | | | | | | | | | | | | | | | | | | | |
交接单式三	**深圳—杭州干线货物交接单** 行车路线：深圳—杭州(萧山)　　线路编码： | 交换地名称	计划时间		实际离开时间	类型	普货		陆运件		实际到达时间	封车条号	收发员签名及工号	驾驶员签名 | |---|---|---|---|---|---|---|---|---|---|---|---|---| | | 到达时间 | 离开时间 | | | 装车件数 | 装车重量 | 装车件数 | 装车重量 | 干线车 | 接驳车 | | | | | 深圳航空组 | 始发 | | | 包及单发件件数 | | | | | | | | | | | 杭州萧山中转场 | 终点 | | | 合计件数及重量： | | | | | | | | | |
交接单式四	发日〇　　　　第　号第　页　　　　收日〇 　　　　　　　自　局至　局 	编号	由		交			总页数		页号			 |---|---|---|---|---|---|---|---|---|---|---| | 号码 | 原寄局 | 接收局 | 袋 | 重量 | 备注 | 号码 | 原寄局 | 接收局 | 袋 | 重量 | 备注 | | 21 | | | | | | 22 | | | | | | | 23 | | | | | | 24 | | | | | | | 25 | | | | | | 26 | | | | | | | 27 | | | | | | 28 | | | | | | | 29 | | | | | | 30 | | | | | | | 31 | | | | | | 32 | | | | | | | 33 | | | | | | 34 | | | | | | | 35 | | | | | | 36 | | | | | | | 37 | | | | | | 38 | | | | | | | 39 | | | | | | 40 | | | | | | | 寄发人员签章 ||||| 接收人员签章 ||| 共计 | 总重量(千克) ||

续上表

交接单式五	深圳机场航空货站国内始发货物交接单

单位：　　　　　　　　　　　　　　　　　　　　年　月　日

货物类别	邮件	快件	鲜活	急件	普件	其 他	在类别上打√

二字代码	货 单 号	件数	毛重	计费重量	到达站	品名	包装	备注
合　　计								

货物装卸，仓储等方面的特殊运输要求	单位代码单	交货人 接货人

1.存根联　　　　　　　　　　　　　　　　　　　　　　　第　　页

4. 交接签字注意事项

（1）检查交接单的内容填写是否完整、有无漏项、章戳签名是否规范正确。

（2）在交接单上标明车辆到达时间。车辆延误，除在交接单上标明车辆到达时间外，还应上报场地主管。

（3）如果总包数量与交接单信息不符，需双方当面查清核实或在交接单上批注实收数量。

（4）对不符合标准的总包，双方应当面处理，记录情况。

第三节 总包拆解

总包拆解作业,就是开拆已经接收的进站总包,将总包转换为散件。

一、总包拆解方式

总包拆解主要分人工拆解和机械拆解两种方式。人工拆解总包是一种比较普遍的方式,绝大多数快递企业都采取人工拆解总包的方式。

1. 人工拆解总包

人工拆解总包的步骤:

(1)验视总包路向并检查快件总包封装规格,对误发的总包不能拆解,应剔除出来交作业主管。

(2)扫描包牌条码信息,扫描不成功或无条码的,手工键入总包信息。

(3)拆解铅封时,剪断容器封口封志的扎绳,不要损伤其他部分;保持包牌在绳扣上不脱落。拆解塑料封扣时,剪口应在拴有包牌一面的扣齿处,以保证包牌不脱落。

(4)倒出快件后,应利用三角看袋法或翻袋等方式检查总包空袋内有无遗留快件。

(5)检查由容器内拆出的封发清单填写内容是否正确,并将快件封发清单整齐存放。

(6)如有易碎快件,必须轻拿轻放,小心地从容器中取出。

(7)逐件扫描快件条码,同时验视快件规格。

(8)拆出的破损、水湿、油污、内件散落等快件以及不符规格的快件,应及时交作业主管处理。

(9)区分手工分拣和机械化分拣快件,将需要机械分拣的快件运单向上、顺序摆放。

(10)超大、超重不宜机械分拣的快件和破损、易碎物品快件要单独处理。

(11)拆解结束时,检查作业场地有无遗留快件和未拆解的总包。

2. 机械拆解总包

机械拆解总包是指利用机械设备把总包悬挂提升,实现人机结合拆解总包的一种方式(图2-24)。利用机械拆解可以大幅度减轻拆解人员的劳动强度,提高劳动效率。目前快递企业采用的总包拆解机械设备主要有简易提升机(电动葫芦)、推式悬挂机等。

图 2-24　机械拆解总包

机械方式拆解总包操作步骤：

(1)验视快件总包路向,将误发的总包剔除出来。

(2)使快件总包袋鱼贯进入开拆轨道,处理完一袋总包后再开拆下一袋总包。

(3)拆塑料封志时,保证拴包牌一面剪口剪在扣齿处,保持包牌不能脱落。如果拆绳封的快件总包时,应该剪断一股绳,不可损伤其他部分,保持包牌在绳扣不脱落。

(4)扫描包牌条码信息,扫描不成功或无条码的,手工键入总包信息。

(5)核对拆出的封发清单登记内容。

(6)逐件扫描快件条码,与接收的信息比对。

(7)总包开拆完毕,将快件贴有运单的一面向上,整齐放到传输机传输分拣。

(8)拆解易碎物品总包时,调整升降高度将总包袋口接近工作台,轻拿轻放取出快件,检查快件有无水湿、渗漏、破损等情况。

(9)如果快件总包内有保价快件、优先快件,验视快件包装,将运单填写的内装物品名称与清单相核对,单独封发处理。

(10)将不能机械化分拣的快件转交其他工作人员进行手工处理。

(11)快件总包拆解完毕后,检查总包空袋内有无遗留快件、清单后,将总包空袋移出作业台。

(12)拆解时遇到问题件,及时通知主管处理。

(13)拆解结束,注意将拆解实际件数(拆解系统统计)与系统信息进行比对。

(14)工作结束,退出拆解系统,关闭设备电源。

(15)检查作业场地周围有无遗漏快件,清扫作业场地,上缴扫描用具、专用钳等用品用具,并集中保管。

3. 机械设备使用安全要求

(1) 作业前,根据使用的设备,操作人员按要求着装。留有长发的女工要把辫子盘起,戴好工作帽,头发不能外露,以免卷入机器。

(2) 设备开启后,检查本工作台设备运行是否正常。

(3) 如果快件总包体积重量超过规定限度,不得使用机械拆解,要注意剔出,改手工方式处理。

(4) 应根据拆解出快件的体积大小和重量轻重,按设备的使用要求分类摆放。

(5) 严禁将其他与设备无关的物品放在设备上,不得使用任何物品刻划、摔打设备。

(6) 严禁无故使用急停开关或中断设备电源。

(7) 总包拆解设备如果非正常运转或停止运转,拆解人员不得自行处理,应通知专业人员进行维修。

(8) 设备运转时,严禁身体任何部位接触设备。

(9) 作业结束,关闭开启按钮,清理设备场地。

二、总包拆解异常情况

(1) 快件总包包牌所写快件数量与总包袋内快件数量不一致。

(2) 拆出的快件有水湿、油污等现象,或有渗漏、发臭、腐烂变质现象。

(3) 拆出的快件外包装破损、变形严重或有拆动痕迹。

(4) 拆出的快件与总包包牌路向不一致,属于误封发。

(5) 快件数量与封发清单所登记数量不符。

三、度量衡知识

(一) 常用重量、长度、体积单位

1. 重量单位

公斤、千克(kg)、克(g)。

换算关系:1 公斤 = 1 千克(kg) = 1000 克(g)。

2. 长度单位

米(m)、厘米(cm)、毫米(mm)。

换算关系:1 米(m) = 100 厘米(cm) = 1000 毫米(mm)。

3. 体积单位

立方米（m^3）、立方厘米（cm^3）、立方毫米（mm^3）。

换算关系：1 立方米（m^3）= 1000000 立方厘米（cm^3）= 1000000000 立方毫米（mm^3）。

（二）常用度量衡工具

在快件处理场地，常用的度量衡工具主要有电子地磅、电子秤和卷尺。

1. 电子地磅

电子地磅，又称电子汽车衡，实际上是装在地上的大电子秤（图 2-25）。它一般用于对不方便过秤的车辆和其他物品的称重。在处理场地，地磅一般装在门口处，满载快件的车辆可以直接过磅，称出重量，待车辆卸完快件后再上地磅称重，两个重量相减就得出车载快件的重量。一般地磅可以称几十吨到几百吨的快件。

图 2-25　小型可移动电子地磅

电子地磅主要由承载器、称重显示仪表、称重传感器、连接件、限位装置及接线盒等零部件组成。快递企业还可以根据需要选配打印机、大屏幕显示器、计算机和稳压电源等外部设备等（图 2-26）。

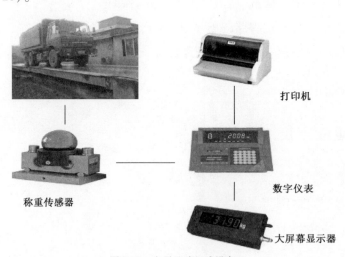

图 2-26　电子地磅组成设备

电子地磅使用注意事项：

（1）秤台要放置水平，最好用水平尺测量一下。

（2）秤台的四角要同时接触地面，不要有悬空现象，检查时可用手分别扳动四角上下晃动，看底角是否抵牢地面，如果悬空，可调整上面螺钉使之平衡。

（3）在使用过程中要使秤台处在基坑的中央处位置，以免边沿碰到周围的水泥地面，使称重不准。

（4）基坑内要保持清洁，不要丢进垃圾及物品，以免使秤台卡死或称重结果小于实际重量。

（5）在称重时，载件车辆要尽可能停置在秤台中部，并保持稳定。

（6）确保仪表上每个插头都插牢，插头上的紧固螺钉要锁紧，在仪表电源开关打开的情况下禁止拔下信号线及打印机插头。

（7）平时不要把电源线一直插在电源线插座上，否则会降低仪表内装蓄电池的使用寿命，只有在仪表显示屏上出现低压提示时才进行充电。

（8）打印机的电源线插头要插在接触良好的插座上，避免中途停电，预防打印时卡死。

2. 电子秤

电子秤是快件处理场地常用的称重设备，其称重范围虽然远远低于电子地磅，但高于便携式手提秤的称重范围。电子秤准确度高，但因体积较大，不便携带（图2-27）。

图2-27　电子计重秤

电子秤使用注意事项：

（1）电子秤应置于稳定平整的平面上，调整四个底角螺钉使秤处于水平位置，然后开启电源（如果需要则应先放上专用秤盘）。

（2）开机画面显示结束后进入计重模式，"零位"标志和"公斤"指示标志出现，可按"模式"键循环选择计重、计数、百分比三种功能模式。

（3）电子秤不能长期在去皮状态下使用，否则零位自动跟踪功能消失，零位会产生漂移。

（4）单位选择：按"单位"键，用来在公斤和磅之间选择计重单位，显示屏上出现相应的指示标志。

（5）去皮功能：将容器放在秤盘上，重量稳定后，按"去皮"键，重量显示为零，"去皮"标志出现，此时显示的重量为净重；将秤盘上的物品取下，重量显示为负值，再按"去皮"键，称重复零，"去皮"标志消失。

（6）置零功能：在使用过程中，如果出现零点漂移现象（秤盘上无任何物品，但有重量显示），按"置零"键，重量归零（置零范围：≤4%FS，去皮状态下无效）。

（7）不得将快件扔、摔、砸在称重设备上。

（8）不得使用电子秤对重量大于电子秤额定重量标准的快件称量。

（9）体积大的快件称重时，除与秤盘接触外，不得有任何其他接触点或接触面。

（10）使用直流电的电子秤，定期补充电量。

（11）电子秤不得与水、油等液体或高温接触，防止意外损坏。

3. 卷尺

卷尺用于测量较长快件的尺寸或距离。根据材质不同，卷尺可以分为：钢卷尺、纤维卷尺、塑料卷尺等（图2-28）。在快件处理场地使用最多的是钢卷尺。钢卷尺可分为自卷式卷尺、制动式卷尺、摇卷式卷尺，其中制动式卷尺最为常见。制动式卷尺主要由尺带、盘式弹簧（发条弹簧）、卷尺外壳三部分组成。当拉出刻度尺时，盘式弹簧被卷紧，产生向回卷的力，当松开刻度尺的拉力时，刻度尺就会被盘式弹簧的拉力拉回。

图2-28　卷尺

卷尺使用注意事项：

（1）对某一边的测量，起止点要准确。

(2)测量不规则或弧形快件,以测量边的直线为标准。

(3)测量快件时,尺子应绷紧,不得出现弯曲或松懈等不准确的操作。

(三)快件计费重量的确定

1. 快件实际重量

将包装(封装)好的快件放在电子秤上称重,国内快件以千克作为一个计量单位,国际快件以 0.5 千克作为一个计量单位。

2. 体积重量

(1)测量快件体积。

长方体体积测量如图 2-29 所示。

圆柱体体积测量如图 2-30 所示。

不规则体的体积测量如图 2-31 所示,取物品的最长、最高、最宽边量取。

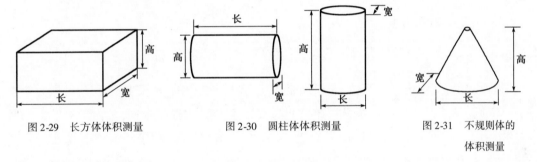

图 2-29　长方体体积测量　　　图 2-30　圆柱体体积测量　　　图 2-31　不规则体的体积测量

(2)计算体积重量。

依照国际航空运输协会规定的体积重量计算公式:

　　长(厘米)×宽(厘米)×高(厘米)/6000(立方厘米/千克)=体积重量(千克)

3. 计费重量

比较体积重量和实际重量,取大者为计费重量。体积重量大于实际重量的一般称为轻泡件,对于轻泡件,要取体积重量作为计费重量。

第三章 快件分拣

第一节 快件查验

一、快递运单

(一)运单知识介绍

1. 运单的概述

快递运单,又称快件详情单,是快递企业为寄件人准备的,由寄件人或其代理人签发的重要的运输单据。快递运单是快递企业与寄件人之间的寄递合同,其内容对双方均具有约束力。当寄件人以物品所有人或代理人的名义填写并签署快件运单后,即表示接受和遵守本运单的背书条款,并受法律保护。传统快递运单为纸质多联运单,目前大部分快递企业运单已经采用电子运单。

快递运单是一种格式合同,由正面寄递信息和背书条款两部分组成。

(1)运单正面内容是对快件涉及信息的详细描述。

主要包括寄件人信息、收件人信息、寄递物品性质、重量、资费、数量、寄件人签名、收件人签名、寄件日期、收件日期、付款方式、业务员名称或工号等内容。每一份运单正面都有一个条形码(各快递企业使用的条形码编码规则不尽相同),通过条形码将运单内容进行捆绑,便于快件运输途中的查询和操作。

(2)运单背书条款是确定快递企业与客户之间权利、义务的主要内容。

背书条款由快递企业和寄件人共同承认、遵守,具有法律效力,自签字之日起确认生效。收寄快件时,业务员有义务在寄件时提醒寄件人阅读背书内容。背书条款主要包括以下内容:

①查询方式与期限。
②客户和快递企业双方的权利与责任。
③客户和快递企业产生争议后的解决途径。
④赔偿的有关规定。

《国内快递服务协议》（示范文本）

1. 快递运单是本协议的组成部分。本协议自寄件人、快递服务组织收寄人员在快递运单上签字或盖章后成立。

2. 快递服务组织依法收寄快件，对信件以外的快件按照国家有关规定当场验视，对禁寄物品和拒绝验视的物品不予收寄。向寄件人提供自快件交寄之日起一年内的查询服务。

3. 寄件人不得交寄国家禁止寄递的物品，不得隐瞒交寄快件的内件状况，应当依照相关规定出示有效证件，准确、工整地填写快递运单。

4. 快递服务组织在服务过程中造成快件延误、毁损、灭失的，应承担赔偿责任。双方没有约定赔偿标准的，可按照相关法律规定执行。既无约定也无相关法律规定的，服从快递服务标准规定。快递服务组织有偿代为封装的，承担因封装不善造成的延误、毁损、灭失责任。

5. 寄件人违规交寄或填单有误，造成快件延误、无法送达或无法退还，或因封装不善造成快件延误、毁损、灭失的，由寄件人承担责任。

---

2. 快递运单的作用

(1) 寄件人与快递企业之间的寄递合同。

运单是寄件人与快递企业之间缔结的快件寄递合同，在双方共同签名后产生法律效力，在快件到达目的地并交付给运单上所记载的收件人后，合同履行完毕。

(2) 快递企业签发的已接收快件的证明。

快递运单也是快件收据，在寄件人将快件交寄后，快递企业就会将其中一联交给寄件人（寄件人存根），作为已经接收快件的证明。除非另外注明，它是快递企业收到快件并在良好条件下装运的证明。

(3) 付费方和快递企业据以核收费用的账单。

快递运单记载着快递服务所需支付的费用，并详细列明了费用的种类、金额，因此，可作为付费方的费用账单。其中存根联也是快递企业的记账凭证。

(4) 快递运单是报关单证之一。

快递运单是快件出口的报关单证之一。在快件到达目的地机场进行进口报关时，快递运单通常也是海关查验放行的基本单证。

（5）快递运单是快递企业安排内部业务的依据。

快递运单随快件同行，证明了快件的身份。运单上载有有关该票快件收取、转运、派送的事项，快递企业会据此对快件的运输做出相应安排。

（二）运单填写规范

快递企业一般根据邮政行业标准《快递服务》（YZ/T 0128—2007）推荐的格式，结合企业快递服务产品类型设计运单格式。虽然运单格式存在差异，但运单栏目内容都大同小异。

1. 运单填写的总体要求

（1）文字要求。运单填写须使用规范的汉字，不得使用不规范的简化字，更不得使用自造字、异写字。如果使用少数民族文字，应当加注汉字。用外文或汉语拼音写的，也应当加注汉字名址。

（2）书写要求。须在运单的正确位置填写各项内容。书写应使用黑色或蓝色笔，或打字机、针式打印机填写，确保各联所填写的内容一致，且从第一联到最后一联的字迹都能清晰辨认。禁止使用铅笔或红色笔书写。字迹要求工整、刚劲有力，数字栏填写不能过大，不能压底线或超出运单方框的范围。

2. 运单内容填写规范

（1）寄件人信息。包括寄件人公司名称、姓名、电话、所在地邮编等。

①寄件人公司名称。私人寄件可不填写寄件人公司名称；公司寄件必须填写寄件人公司名称。

②寄件人姓名。必须填写全名，填写英文名或中文名可根据快件类型确定。

③寄件人电话。必须填写寄件人电话，包括电话区号和电话号码（座机或手机号码可由客户自行提供），便于快件异常时可以及时联系到寄件人。

④寄件人所在地邮编。是否填写根据各快递企业的要求。如运单要求填写邮政编码，须请客户提供正确的邮政编码。

⑤寄件人地址。详细填写寄件人地址，以便在快件退回时可以尽快找到寄件人。

（2）收件人信息：包括收件人公司名称、姓名、电话、所在地邮编等。

①收件人公司名称。收件人是私人，可不填写收件人公司名称；收件人在公司签收快件，则必须填写收件人公司名称。

②收件人姓名。必须填写全名，填写英文名或中文名可根据快件类型确定。

③收件人电话。必须填写收件人电话,包括电话区号和电话号码(座机或手机号码可由客户自行提供),便于快件异常时可以及时联系到收件人。

④收件人所在地邮编。是否填写根据各快递企业的要求。如运单要求填写邮政编码,须请客户提供正确的邮政编码。

⑤收件人地址。必须详细填写收件人地址,按"××省××市××镇××村××工业区/管理区××栋(大厦)××楼××单元"或"××省××市××区××街道(路)××号××大厦××楼××单元"详细填写,方便派送。因购物中心、大型商城、集贸市场等楼层复杂和专柜较多,凡寄往此类地址的快件需注明专柜名称及号码。

(3)寄递物品信息。详细填写寄递物品的实际名称,不允许有笼统字眼,如"样板(版、品)""电子零件"等。品名内容后不可有"部分"字样,应写明具体数量。出口件的寄递物品需根据物品性质、材料来详细申报,例如衫、裤要注明为针织、棉、毛、皮、人造皮革、化纤等,玩具要注明为布、塑料或塑料、毛绒等,以保证快件发运过程中安全检查正常及通关顺利。

(4)数量、价值。与寄件人共同确认寄递物品的数量及价值后填写。

(5)重量填写。根据快件性质和规格,与寄件人共同确认后填写快件实际称重重量和计算的体积、重量。

(6)资费。根据快件重量,计算快件的资费,并与寄件人共同确认后填写。

(7)付款方式。业务员与寄件人共同确认后,寄件人在运单上勾选正确的付款方式。

(8)日期。寄件日期和收件日期均要如实填写日期时间,详细到分钟。

(9)寄件人签署。寄件人在该栏签字,确认快件已经完好地交给业务员,业务员切忌替代寄件人签字。

(10)收件人签名。收件人在收到快件并对快件外包装进行检查后,在运单收件人签名栏签字,确认快件已经签收。

(11)取件员名称。上门收取快件的业务员,在收取客户的快件后,在此处写上姓名或工号,表明此票快件由该业务员收取。

(12)派件员名称。业务员将快件派送到收件人处时,请客户检查快件内容,在运单上写上派件员的名称或工号,表明该票快件由此派件员派送。

(13)备注。如有其他的特殊需求或者快件出现异常,可在备注栏上表明。

3. 运单填写注意事项

(1)电话填写注意。注意电话的位数,例如国内座机号码目前为7位或8位,如不足或多于8位,则号码肯定有误;国内的手机号码为11位,如手机号码超过或不足11位,可能号码有误。此时须再次与客户确认号码的正确性。

(2)业务员必须提示客户阅读背书条款。

(3)业务员严禁替代客户签字。

(三)运单样例(图3-1和图3-2)

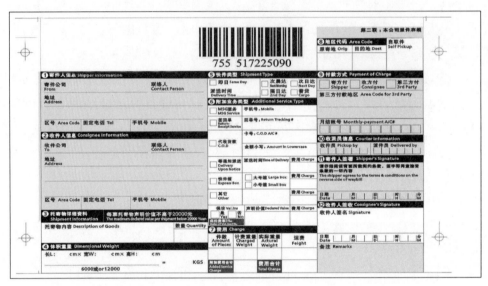

图3-1 运单样例一

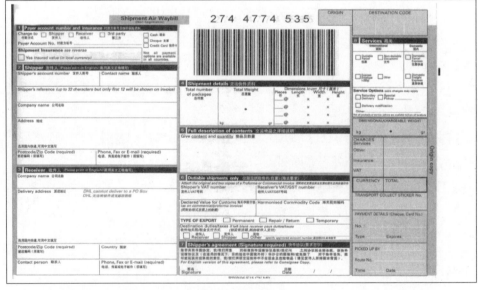

图3-2 运单样例二

(四)电子运单

随着电子商务平台和快递服务信息化的飞速发展,传统纸质运单价格高、信息录入效率低、信息安全隐患等方面的劣势已愈发凸显,这种情况下,电子运单(图3-3)应运而生。

图3-3 电子运单

1. 电子运单的概念

电子运单是将快件原始收寄等信息按一定格式存储在计算机信息系统中,并通过打印设备将快件原始收寄信息输出至热敏纸等载体上所形成的单据。电子运单自动对接计算机信息系统、自动绑定快件编号、实时生成并快速打印快件收寄信息,更好地满足了批量交寄快件的需要。目前,大部分快递企业已经采用电子运单,消费者通过手机 App 应用、微信等途径下单即可享受电子运单服务。使用电子运单后,快递服务协议应置于快递服务组织网站及 App 软件系统中,便于用户阅知、保存,以供查询、追溯等使用。

2. 电子运单服务特点

电子运单服务是指由快递企业向卖家提供的一种通过热敏纸打印输出纸质快递运单的服务。

(1)提高收件效率,服务质量高。

快件签收后收件人在回执栏签字由快递员撕下带回,客户留存余下的存根栏。运用电子运单只需留存一张单据,不必存留三四张联单的单据,防止翻看记录的烦琐。

(2)规范订单,降低订单错误。

大中客户使用桌面热敏打印机(图3-4)打印运单,零散小客户用手持热敏打印机打印,杜绝手写带来的错写报废单据、字迹潦草出错等一系列问题。

图3-4 热敏打印机

(3)降低人力成本,提高耗材利用效率。

全部采用热敏打印,除大客户处预留卷装运单供其自行打印外,其他客户无须预留运单,快递员带单上门服务避免了运单遗失、损坏等不必要的浪费,提高了耗材利用效率,节约成本。同时,由于不再需要手工录入快件信息,也大大降低了人力成本。

(4)更多价值利用空间。

电子运单的信息容量大,可以在预设的空白处印刷促销广告或推广活动,成为一个定向的广告位,实现更大的价值。

3. 纸质运单与电子运单的区别(表3-1)

纸质运单与电子运单的区别　　　　　　表3-1

项目	纸质运单	电子运单
打单速度	每小时600~800张	每小时2000~3600张
打印方式	碳带+针孔打印机,需经常更换打印头及碳带	桌面热敏打印机/手持热敏打印机,长期使用,损坏率极低
信息量	四联均为重复内容	表层热敏纸打印单据信息,下层印刷广告宣传企业形象
辨识度	手写,除第一联外其余几联几乎无法辨识	单据数据全部打印录入,清晰可辨
下单方式	电话下单,手写运单,烦琐	网上下单,计算机/手机录入,便捷
录入快递系统	人工录入快递系统,费时费力且出错率高;录完后方能进行下一环节作业,延误时间	客户自主录单,客服收到订单后,安排快递员上门取件,快件带回网点后可直接发往处理中心

续上表

项目	纸质运单	电子运单
寄件操作	需逐票撕下寄件存根联,寄件量大时花费时间长,影响寄件时限	寄件存根联由电子存根代替,贴单扫描后可直接发往下一环节,高效快捷
签收操作	收件人签收后留存的手写签字联字迹模糊,难以辨认	收件人签收联打印而成,字迹清晰,收件人签字后直接撕下即可

二、快件包装

(一)包装常识

包装是否符合要求,对保证快件安全、准确、迅速地传递,起着极为重要的作用。尤其是流质和易碎物品,如果包装不妥,不但快件自身容易遭受损坏,而且还会污损其他快件,危及工作人员的安全。判断包装是否牢固,主要要看经过包装后的快件是否能够经受长途运输和正常碰撞、摩擦、震荡和压力以及气候变化而不致损坏。因此,一定要按照物品性质、大小、轻重、寄递路程以及运输情况等,选用适当的包装材料对快件进行妥善包装。

1. 包装的作用

(1)保护功能。这是包装最基本的功能。包装不仅要防止快件物理性能的损坏,如需要防冲击、防震动、耐压等,也要防止快件发生各种化学变化及其他方式的损坏。因此,包装也被人称为"无声的卫士"。

(2)推广功能。包装的形象不仅体现出快递企业的性质与经营特点,而且体现出快递产品的内在品质,能够迎合不同消费者的审美情趣。环保包装材料的选用更是可以向客户传达快递企业的社会责任意识。

2. 包装原则

(1)适合运输原则。快件包装应坚固、完好,能够防止在运输过程中发生包装破裂、内物漏出、散失;能够防止因摆放、摩擦、震荡或因气压、气温变化而引起快件的损坏或变质;能够防止伤害操作人员或污染运输设备、地面设备及其他物品。

(2)便于装卸原则。包装材料除应适合快件的性质、状态和重量外,还要整洁、干燥、没有异味和油渍;包装外表面不能有突出的钉、钩、刺等,要便于搬运、装卸和摆放。

(3)适度包装原则。根据快件尺寸、重量和运输特性选择合适大小的外包装及填充物,不足包装和过度包装都不可取。不足包装容易造成快件损坏,过度包装造成包装材料浪费。

3. 主要包装材料及使用说明(表3-2)

主要包装材料及使用说明　　　　　　　　表3-2

包装材料名称	包装使用说明	实物图片
包装袋	适合用于小件快件的外包装。各快递企业可根据产品类型和种类的要求,制作不同材料、不同规格的包装袋。包装袋的封口为一次性粘胶,密封后防水、安全,适用于样品及不易破碎、抗压类的物品	
纸箱	适用于规则快件的包装。纸箱制作选用的纸板通常包括挂面纸、博汇纸、三联纸、牛皮卡纸等,从纸板的横截面上看,又分为3层瓦楞和5层瓦楞。不同材质和规格的纸箱具有不同的承重和承压能力。在使用纸箱包装快件时,需要根据快件的重量和尺寸,选择合适的纸箱,以确保快件的安全	
文件封/牛皮纸袋	文件封是使用硬纸板制作的,各快递企业的文件封尺寸不完全一致。有的文件封表面自带运单袋,有的不带运单袋,视快递企业的要求制作。在文件封表面刷一层防水光油,可明显阻碍细小雨水的渗透。 牛皮纸袋的外层为牛皮纸,里层为内衬气泡,具有坚韧(不容易撕烂)和防震的功能,能够更好地保护袋内的物品。 两种包装材料,都带有一次性自粘封口,简单易用,适用于在运输、中转操作等过程中易发生褶皱、划花的重要单据和文件类快件	
封箱胶纸	封箱胶纸是最普遍的包装材料之一。主要用于对寄递物品的封固包装操作。在封箱胶纸上印刷企业的标志或广告,可起到宣传作用。有的快递企业在封箱胶纸上印刷特殊的标志,作为责任界定的依据	
防雨膜	防雨膜用于防止水渗透包装而浸湿快件。雨雪雾天时,在特别容易湿损的快件外包装上包裹一层防雨膜,可有效保护快件不被打湿损坏,并起到保护快件整洁的作用	

续上表

包装材料名称	包装使用说明	实 物 图 片
缓冲材料	缓冲材料也叫填充材料,包括气泡膜、珍珠棉、泡沫缓冲材料、缓冲纸条、海绵以及废旧报纸和碎布片等,能够有效地缓冲或者减轻快件在运输过程中与箱体发生碰撞而引起的损坏,还将有效缓解外界其他快件对该快件的挤压受力,适用于易碎以及表面易划伤的快件	气泡膜 衬垫物
打包带	对使用体积较大纸箱、编织袋、木箱包装的快件,封口后再用打包带捆扎快件有利于进行二次加固,保护快件	
木箱	木箱主要用于大型贵重物品、精密仪器、易碎物品、不抗压物品的包装。木箱厚度及打板结构要适合快件安全运输的需要	
木格	木格包装的物品与木箱的包装种类相似。对于不能密封的物品,可使用木格子包装。木格厚度及结构要适合快件安全运输的需要,间隔空隙要匀称适度,以不漏出快件为准	

(二)快递绿色包装

绿色包装又可以称为无公害包装和环境之友包装,指对生态环境和人类健康无害,能重复使用和再生,符合可持续发展的包装。

1. 绿色包装的含义

(1)实行包装减量化(Reduce)。

绿色包装在满足保护、方便、销售等功能的条件下,应是用量最少的适度包装。

(2)包装应易于重复利用(Reuse)或易于回收再生(Recycle)。

通过多次重复使用,或通过回收废弃物,生产再生制品、焚烧利用热能、堆肥化改善土壤等措施,达到再利用的目的。既不污染环境,又可充分利用资源。

(3)包装废弃物可以降解腐化(Degradable)。

为了不形成永久的垃圾,不可回收利用的包装废弃物要能分解腐化,进而达到改善土壤的目的。Reduce、Reuse、Recycle 和 Degradable 即是现今 21 世纪世界公认的发展绿色包装的 3R 和 1D 原则。

(4)包装材料对人体和生物应无毒无害。

包装材料中不应含有有毒物质或有毒物质的含量应控制在有关标准以下。

(5)在包装产品的整个生命周期中,均不应对环境产生污染或造成公害。

即包装制品从原材料采集、材料加工、制造产品、产品使用、废弃物回收再生,直至最终处理的生命全过程均不应对人体及环境造成公害。

绿色包装就是能够循环复用、再生利用或降解腐化,而且在产品的整个生命周期中对人体及环境不造成公害的适度包装。快递绿色包装也应遵循可循环、易回收、可降解的要求,加强与上下游协同,逐步实现包装材料的减量化和再利用。

图 3-5　可降解胶带

2. 常见的绿色包装产品

(1)可降解胶带。

可降解封箱胶带(图 3-5),采用生物降解技术,绿色环保、低噪声、防静电、黏性高、拉力强,埋入土壤快速降解。

(2)全生物降解快递袋。

全生物降解快递袋(图 3-6),原料为 PBAT 与 PLA,100% 环保无毒,降解后化为水和二氧化碳,对大自然零污染。该快递袋拥有超强柔韧性和拉伸力,即使强力拉扯也不易拉断,保证了物品在运输过程中不会因快递袋破裂而使物品破损丢失。同时具有超强的封闭性,不易爆边,避免雨水天气导致包装物品受潮发霉。

(3)环保拉链快递箱。

环保拉链快递箱(图3-7),又称无胶带快递箱、绿色零胶纸箱,其采用特殊结构(自带的波浪双面胶)设计实现无胶带封箱,轻轻撕开"拉链"即可拿出快递内容物,消灭白色污染的同时还带来了更好的用户体验。纸箱表面刚度高、不容易开裂,轻便易用、可循环使用多次,成品单次使用价格比普通纸箱低15%以上。关键之处是盒子两端各设置了牢固的一次性"环保封箱扣",能最大限度地保障商品的隐私与安全。

图3-6 全生物降解快递袋

图3-7 环保拉链快递箱

(4)可循环用快递箱。

可循环用快递箱(图3-8)由热塑性树脂材料制作,采用中空板结构,可5秒钟成型打包,此种材料抗打击、耐高低温和湿度性能强,可以保护商品的完好性。单次使用成本相比纸箱来说节省30%以上,正常情况下可以循环使用20次以上,破损后还可以无限次"回炉重造"。

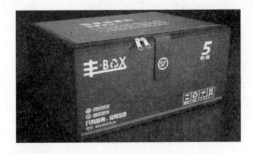

图3-8 可循环用快递箱

(三)包装材料的选择

1. 纸质类的寄递物品

厚度不超过1厘米的纸质物品,使用文件封进行包装;厚度超过1厘米且不易破碎、抗压类的书刊、样品等寄递物品,可选择包装袋包装。

2. 质脆易碎物品,如玻璃、光碟、灯饰、陶瓷等

此类快件必须在包装内部的六个面加垫防震材料,且每一件物品单独使用泡沫或其他缓冲材料进行包装,见图3-9。采取多层次包装方法,即快件—衬垫材料—内包装—缓冲材料—运输包装(外包装)。

3. 体积微小的五金配件、纽扣及其他易散落、易丢失的物品

此类快件用塑料袋作为内包装将寄递物品聚集,并严密封口,注意内包装留有适当的空隙。数量较少可使用包装袋作为外包装;数量较大可使用质地坚固、大小适中的纸箱或木箱作为外包装,并用填充材料填充箱内的空隙,使得快件在箱内相对固定,避免填充过满而导致内包装破裂引起快件散落丢失,见图3-10。

图3-9 灯饰的包装

图3-10 体积微小物品包装

4. 重量较大的物品,如机器零件、模具、钢(铁)块等

此类快件先使用材质较软的包装材料(如气泡垫等)包裹,然后采用材质较好、耐磨性能好的塑料袋包装或以材质较好的纸箱包装后并用打包带加固,还可使用木箱进行包装,见图3-11。若快件属易碎品,还须在外包装上加贴易碎标识以作警示。

5. 不规则(异形)、超大、超长的物品

此类快件以气泡垫等材质较软的材料进行全部或

图3-11 机器零件包装

局部(如两端等易损部位)包装。细长快件还应尽可能捆绑加固,减少中转或运输过程中折损的可能性。但若单件重量已达 5 千克,则无须将多件捆绑,以利于中转及搬运。若快件为易折损品,应在快件指定位置粘贴易碎标识。

6. 较大的圆柱形或原材料物品,如布匹、皮料、鞋材、泡沫等

此类快件可以先使用透明的塑料薄膜进行包裹,然后再使用胶纸对其进行缠绕包装。严禁使用各种有色的垃圾袋进行包装。

7. 特产类物品,如水果、月饼等

此类快件必须进行保护性包装,具体包装方法可因物而异,以既能防止破损变质,又不污染其他快件为原则,如水果采用条筐、竹笼或者竹篓包装。

8. 液态物品的包装(仅限全程陆路运输的非危险性物品)

容器内部必须留有 5%～10% 的空隙,封盖必须严密,不得溢漏。若是用玻璃容器盛装的液体,则每一容器的容量不宜超过 500 毫升。若容器本身的强度较小,则必须采用纸箱或木箱对快件进行加固包装,且箱内应使用缓冲材料填实,防止晃动或倒置搬运导致液体渗出污染其他快件,并在外包装上粘贴易碎标识。

9. 轴承内钢珠等会渗油的固体物品

此类快件必须满足液体类物品的包装要求,应使用衬垫和吸附材料填实,防止在运输过程因渗漏而污染快件本身运单及其他快件。

10. 粉状物品(难以辨认成分的白色粉状物品及进出口件除外)

若快件的原包装是塑料袋包装的,还应使用塑料涂膜编织袋作外包装,保证粉末不致漏出,单件快件毛重不宜超过 50 千克。

若快件的原包装是用硬纸桶、木桶、胶合板桶盛装的,要求桶身不破、接缝严密、桶盖密封、桶箍坚固结实,桶身两端应有钢带打包带。

若快件的原包装是用玻璃器皿包装的,每瓶内装物的重量不宜超过 1 千克。如容器本身的强度不够,则须用铁制或木制材料作外包装,且箱内应用缓冲材料填实。单件快件毛重以不超过 25 千克为宜。

11. 纺织类物品

此类快件可采用布袋、麻袋、纸箱包装。布袋的材料应选用坚固结实的棉布;麻袋的坯布应无破洞,具有一定强度,封口处应用封口机一次性封口。

若使用纸箱包装,必须对箱角及边缘用胶纸加固,确保不会在运输过程中破裂,凡纸箱任何一边超过60厘米,还需用打包带加固。若纸箱质量较差,还可在其外面套编织袋,以防止在搬运、装卸过程中造成部分遗失或损坏。

12. 精密仪器及电子产品类物品

此类快件应采用纸箱或全木箱包装,快件与箱壁应预留约2厘米的空隙,用缓冲材料填充。若使用纸箱包装,在检查完寄递物品后,如外包装有旧的快递运输或包装标识,须将其清除,如无法清除干净的,在体积允许的情况下,应将纸箱装入包装袋;或用包装箱重新进行包装,避免旧的快件标识造成操作失误。

对于可以收寄的自身带电的电子类寄递物品,必须在征得客户同意的情况下将寄递物品自带的电池拆卸并与主体分离后方可收取,对于无法拆卸分离的快件不予收取,并向客户做好解释工作。

(四) 胶纸封箱操作方法

胶纸中使用最多的是透明胶纸,用于对所收客户的寄递物品进行封固包装,除文件封和各款包装袋以外,其他类型包装的快件一般都需要用胶纸进行封固包装。对于外形规则的纸箱包装快件,要求使用胶纸对纸箱上下表面进行"工"字形包装操作,包装步骤图解详见图3-12(颜色条表示透明封箱胶纸粘贴)。

a)
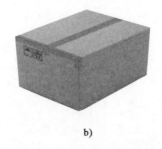
b)

c)

图3-12 "工"字形包装操作

(1)首先使用透明胶纸沿着纸箱的中缝部位进行封粘,同时胶纸两端应延纸箱两侧面放宽5~10厘米,以便将纸箱的中缝两端开口处覆盖,如图3-12a)所示;同时做到压紧胶纸两端,使得胶纸和箱体充分黏合。

(2)再使用透明胶纸分别对纸箱的两侧缝口进行封粘,封粘要求先对纸箱一侧的侧缝开口进行封粘,同样胶纸应延长放宽5~10厘米,如图3-12b)所示;同时做到压紧胶纸两端和胶纸中间部位,使得胶纸和箱体充分黏合。

(3)在完成纸箱一表面的"工"字形包装后,如图3-12c)所示,还需对另一表面进行封粘,具体要求同步骤(1)和(2)。

(五)快件包装注意事项

(1)禁止使用一切报刊类物品作为快件的外包装,如报纸、海报、书刊、杂志等;严禁使用各种有色垃圾袋和容易破损、较薄的类似垃圾袋的包装物。

(2)对于价值较高的快件,建议客户使用保险或保价服务,同时建议客户采用包装箱进行包装,包装时应使用缓冲材料。业务员在收件时应与客户当面清点并封箱。

(3)关于捆扎件包装操作,一票多件的进出口快件由于海关限制,严禁寄递物品多件捆扎寄递,必须按照一票多件操作规范进行操作。国内互寄的一票多件快件,单票重量不超1千克且每件快件外包装形状相同、体积最大的快件一侧面积小于运单的,可以多件捆扎寄递,同时必须在连体快件上批注运单号码,并将连体快件捆扎牢固。凡两件或两件以上的快件合装,必须要用打包带加固。例如有三个同规格鞋盒子一起寄递时,可将三个盒子进行捆扎牢固,作为一票快件寄递。

(4)对于重复利用的旧包装材料,均必须清除原有运单及其他特殊的快件标记后方可使用,以避免因旧包装内容而影响快件的流转。

(5)用透明胶带加固时,须用裁纸刀或剪刀等工具裁断透明胶带,不应用牙咬断胶带。

(六)快件包装的检查方法

快件包装完毕后,应对包装进行检查,确保在收取快件的当时把快件包装牢固。检查包装是否牢固的方法有以下几种:

看:各交接环节对于拿到手的快件,应检查外包装是否有明显破损或撕裂,若有明显破损或撕裂,应按规定程序进行检查,不可放任其继续流向下一环节或导致快件损坏程度进一步加强。如果经检查只是外包装破损,必须进行重新包装。

听:用手摇晃快件,听是否有声音。如果有异常已破损的声音等,则需打开包装检查,不可放任不管而可能致使尖锐物在包装内窜动划伤快件。

感:用手晃动快件,感觉寄递物品与包装物壁之间有无摩擦和碰撞,如有,则需要打开包装进行充实缓冲。

搬:搬动一下快件,看是否有重心严重偏向一边或一角的现象,如有,则需要打开包装重新定位寄递物品在包装内位置。

三、禁限寄规定

为了保护国家政治、经济、社会及文化的发展,保证快件传输过程中的人身安全、快件安全及快件操作设备安全,防止不法分子利用快递网络渠道从事危害国家安全、社会公共利益或者他人合法权益的活动,国家对禁限寄物品做了规定。禁止寄递物品(简称"禁寄物品")是国家法律、法规明确禁止寄递的物品;限制寄递物品(简称"限寄物品")是对个人寄递的物品限定在一定数量范围内,有价值上的限制和数量上的限制。但限寄物品会根据情况变化做出调整和修改。快递员在收寄快件时应严格把关,拒绝接收各类禁寄物并按规定接收限寄物品。

(一)禁止寄递物品

禁寄物品主要包括危害国家安全、扰乱社会秩序、破坏社会稳定的各类物品;危及寄递安全的爆炸性、易燃性、腐蚀性、毒害性、感染性、放射性等各类物品;法律、行政法规以及国务院和国务院有关部门规定禁止寄递的其他物品。

1. 枪支(含仿制品、主要零部件)弹药(图3-13)

(1)枪支(含仿制品、主要零部件):如手枪、步枪、冲锋枪、防暴枪、气枪、猎枪、运动枪、麻醉注射枪、钢珠枪、催泪枪等。

(2)弹药(含仿制品):如子弹、炸弹、手榴弹、火箭弹、照明弹、燃烧弹、烟幕(雾)弹、信号弹、催泪弹、毒气弹、地雷、手雷、炮弹、火药等。

图3-13 枪支弹药

2. 管制器具(图3-14)

(1)管制刀具:如匕首、三棱刮刀、带有自锁装置的弹簧刀(跳刀),以及其他相类似的单刃、双刃、三棱尖刀等。

(2)其他:如弩、催泪器、电击器等。

图 3-14　管制器具

3. 爆炸物品(图 3-15)

(1)爆破器材:如炸药、雷管、导火索、导爆索、爆破剂等。

(2)烟花爆竹:如烟花、鞭炮、摔炮、拉炮、砸炮、彩药弹等烟花爆竹,以及黑火药、烟火药、发令纸、引火线等。

(3)其他:如推进剂、发射药、硝化棉、电点火头等。

图 3-15　爆炸物品

4. 压缩和液化气体及其容器(图 3-16)

(1)易燃气体:如氢气、甲烷、乙烷、丁烷、天然气、液化石油气、乙烯、丙烯、乙炔、打火机等。

(2)有毒气体:如一氧化碳、一氧化氮、氯气等。

(3)易爆或者窒息、助燃气体:如压缩氧气、氮气、氦气、氖气、气雾剂等。

图 3-16　压缩和液化气体及其容器

5. 易燃液体(图 3-17)

如汽油、柴油、煤油、桐油、丙酮、乙醚、油漆、生漆、苯、酒精、松香油等。

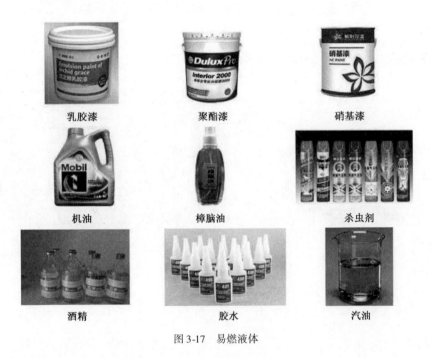

图 3-17　易燃液体

6. 易燃固体、自燃物质、遇水易燃物质(图 3-18)

(1)易燃固体:如红磷、硫黄、铝粉、闪光粉、固体酒精、火柴、活性炭等。

(2)自燃物质:如黄磷、白磷、硝化纤维(含胶片)、钛粉等。

(3) 遇水易燃物质：如金属钠、钾、锂、锌粉、镁粉、碳化钙（电石）、氰化钠、氰化钾等。

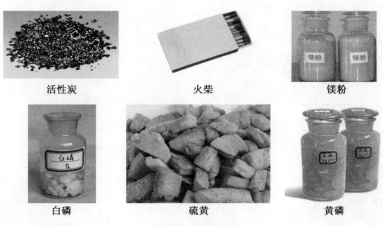

图 3-18　易燃物质

7. 氧化剂和过氧化物

如高锰酸盐、高氯酸盐、氧化氢、过氧化钠、过氧化钾、过氧化铅、氯酸盐、溴酸盐、硝酸盐、过氧化氢（双氧水）等。

8. 毒性物质（图 3-19）

如砷、砒霜、汞化物、铊化物、氰化物、硒粉、苯酚、汞、剧毒农药等。

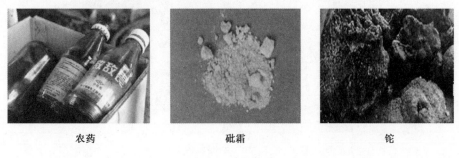

图 3-19　毒性物质

9. 生化制品、传染性、感染性物质（图 3-20）

如病菌、炭疽、寄生虫、排泄物、医疗废弃物、尸骨、动物器官、肢体、未经硝制的兽皮、未经药制的兽骨等。

10. 放射性物质（图 3-21）

如铀、钴、镭、钚等以及放射容器。

| 血液 | 医疗废弃物 |

图 3-20　生化制品、传染性、感染性物质

钴　　　　　　　　铀　　　　　　　放射容器

图 3-21　放射性物质

11. 腐蚀性物质（图 3-22）

如硫酸、硝酸、盐酸、蓄电池补充液、蓄电池、氢氧化钠、氢氧化钾等。

浓硫酸　　　　　　硝酸　　　　　　　盐酸

图 3-22　腐蚀性物质

12. 毒品（图 3-23）及吸毒工具、非正当用途麻醉药品和精神药品、非正当用途的易制毒化学品

（1）毒品、麻醉药品和精神药品：如鸦片（包括罂粟壳、花、苞、叶）、吗啡、海洛因、可卡因、大麻、甲基苯丙胺（冰毒）、氯胺酮、甲卡西酮、苯丙胺、安钠咖等。

（2）易制毒化学品：如胡椒醛、黄樟素、黄樟油、麻黄素、伪麻黄素、羟亚胺、邻酮、苯乙酸、溴代苯丙酮、醋酸酐、甲苯、丙酮等。

（3）吸毒工具：如冰壶等。

图 3-23　毒品

13. 非法出版物、印刷品、音像制品等宣传品

如含有反动、煽动民族仇恨、破坏国家统一、破坏社会稳定、宣扬邪教、宗教极端思想、淫秽等内容的图书、刊物、图片、照片、音像制品等。

14. 间谍专用器材

如暗藏式窃听器材、窃照器材、突发式收发报机、一次性密码本、密写工具、用于获取情报的电子监听和截收器材等。

15. 非法伪造物品

如伪造或者变造的货币、证件、公章等。

16. 侵犯知识产权和假冒伪劣物品

(1)侵犯知识产权：如侵犯专利权、商标权、著作权的图书、音像制品等。

(2)假冒伪劣：如假冒伪劣的食品、药品、儿童用品、电子产品、化妆品、纺织品等。

17. 濒危野生动物及其制品

如象牙、虎骨、犀牛角及其制品等。

18. 禁止进出境物品

如有碍人畜健康的、来自疫区的以及其他能传播疾病的食品、药品或者其他物品；内容涉及国家秘密的文件、资料及其他物品。

19. 其他物品

《危险化学品目录》《民用爆炸物品品名表》《易制爆危险化学品名录》《易制毒化学品的分类和品种目录》《中华人民共和国禁止进出境物品表》载明的物品和《人间传染的病原微生物名录》载明的第一、二类病原微生物等,以及法律、行政法规、国务院和国务院有关部门规定禁止寄递的其他物品。

(二)禁寄物品处理办法

(1)发现各类枪支(含仿制品、主要零部件)、弹药、管制器具等物品的,应当立即报告公安机关。

(2)发现各类毒品、易制毒化学品的,应当立即报告公安机关。

(3)发现各类爆炸品、易燃易爆等危险物品的,应当立即疏散人员、隔离现场,同时报告公安机关。

(4)发现各类放射性、毒害性、腐蚀性、感染性等危险物品的,应当立即疏散人员、隔离现场,同时视情况报告公安、环境保护、卫生防疫、安全生产监督管理等部门。

(5)发现各类危害国家安全和社会稳定的非法出版物、印刷品、音像制品等宣传品的,应当及时报告国家安全、公安、新闻出版等部门。

(6)发现各类伪造或者变造的货币、证件、印章以及假冒侵权等物品的,应当及时报告公安、工商行政管理等部门。

(7)发现各类禁止寄递的珍贵、濒危野生动物及其制品的,应当及时报告公安、野生动物行政主管等部门。

(8)发现各类禁止进出境物品的,应当及时报告海关、国家安全、出入境检验检疫等部门。

(9)发现使用非机要渠道寄递涉及国家秘密的文件、资料及其他物品的,应当及时报告国家安全机关。

(10)发现各类间谍专用器材或者疑似间谍专用器材的,应当及时报告国家安全机关。

(11)发现其他禁寄物品或者疑似禁寄物品的,应当依法报告相关政府部门处理。

(三)限制寄递物品

国家为控制某些物品流通和保护某些物品特许经营权,对一些物品的寄递限定在一定范围内,这就是限寄。限寄规定是本着既照顾和方便客户的合法需要和正常往来,又限制走私违法行为而制定的。限定的范围包括价值上的限制和数量上的限制,也就是通常所说的限值和限量。限值和限量的规定会根据海关或国家临时情况变化而有所变更,具体内容以海关当时公布的限值和限量要求为准。

1. 我国限制寄递出境的物品

(1) 金银等贵重金属及制品。

(2) 国家货币、外币及有价证券。

(3) 无线电收发信机、通信保密机。

(4) 贵重中药材及其制成药(麝香不准寄递出境)。

(5) 一般文物(指1795年后的,可以在文物商店出售的文物)。

(6) 海关限制出境的其他物品。

2. 限制进境物品

(1) 无线电收发信机、通信保密机。

(2) 烟酒。

(3) 濒危的和珍贵的动物,植物(均含标本)及其种子和繁殖材料。

(4) 国家货币。

(5) 限制入境的其他物品。

3. 我国海关对限制寄递物品的限量和限值规定

(1) 限量。根据限量有关规定,在国内范围互相寄递的物品如卷烟、雪茄烟每件以二条(400支)为限,两种合寄时也限制在400支以内。寄递烟丝、烟叶每次均各以5千克为限,两种合寄时不得超过10千克。每人每次限寄一件,不准一次多件或多次交寄。

(2) 限值。对于寄往国外、境外的物品,除需遵守限量规定外,还应遵守海关限值的有关规定。

海关总署公告2010年第43号规定,个人寄自或寄往港、澳、台地区的物品,每次限值为800元人民币;个人寄自或寄往其他国家和地区的物品,每次限值为1000元人民币。

(3) 个人邮寄进出境物品超出规定限值的,应办理退运手续或者按照货物规定办理通关手续。但邮包内仅有一件物品且不可分割的,虽超出规定限值,经海关审核确属个人自用的,可以按照个人物品规定办理通关手续。

(4) 外国人、华侨和港澳台同胞寄递的出境物品,只要不超过合理数量,原则上不受出口限制。

（5）如果寄达国（或地区）对某些寄递物品有限量、限值的规定，应按照寄达国（或地区）的规定办理。

四、国际航空组织禁寄物品常用标识

国际航空组织禁寄物品常用标识见表3-3。

国际航空组织禁寄物品常用标识　　　　　　　　表3-3

国际航空运输协会（IATA）危险货物等级			
1	爆炸物	1.1 溅射类块状爆炸品（硝化甘油、炸药）	符号（爆炸的炸弹）：黑色；底色：橙黄色；数字"1"写在底角
		1.2 剧烈冲击、喷射爆炸品	符号（爆炸的炸弹）：黑色；底色：橙黄色；数字"1"写在底角
		1.3 次要喷射爆炸品（火箭推进剂、礼花类烟火）	符号（爆炸的炸弹）：黑色；底色：橙黄色；数字"1"写在底角
		1.4 主要引火爆炸品（军火、大众烟火）	底色：橙黄色；数字：黑色；数字高大约为30毫米，字体笔画的宽度约5毫米（对于100毫米×100毫米的标志）；数字"1"写在底角。＊＊属于危险类别的位置——如果属于副危险性则留空；＊属于配装组的位置——如果属于副危险性则留空

续上表

		国际航空运输协会(IATA)危险货物等级		
1	爆炸物	1.5 爆炸药剂及制成品		底色:橙黄色;数字:黑色;数字高大约为30毫米,字体笔画的宽度约5毫米(对于100毫米×100毫米的标志);数字"1"写在底角。**属于危险类别的位置——如果属于副危险性则留空;*属于配装组的位置——如果属于副危险性则留空
		1.6 钝感爆炸品		底色:橙黄色;数字:黑色;数字高大约为30毫米,字体笔画的宽度约5毫米(对于100毫米×100毫米的标志);数字"1"写在底角。**属于危险类别的位置——如果属于副危险性则留空;*属于配装组的位置——如果属于副危险性则留空
2	气体	2.1 接触性可燃气体(乙炔、氢气)		符号(火焰):黑色或白色;底色:红色;数字"2"写在底角
		2.2 无毒非可燃气体(-100℃以下气体或液化气体,如:氮、氖)		符号(气瓶):黑色或白色;底色:绿色;数字"2"写在底角
		2.3 致死致伤有毒气体(氟、氯、氰化物)		符号(骷髅和交叉的骨头棒):黑色;底色:白色;数字"2"写在底角

续上表

国际航空运输协会(IATA)危险货物等级			
2	气体	2.4 氧化性气体	
		2.5 有吸入危险的气体	
3	可燃液体	3.1 易燃	符号(火焰):黑色或白色;底色:红色;数字"3"写在底角
		3.2 可燃液体	符号(火焰):黑色或白色;底色:红色;数字"3"写在底角
		3.3 燃油	符号(火焰):黑色或白色;底色:红色;数字"3"写在底角

续上表

国际航空运输协会（IATA）危险货物等级			
3	可燃液体	3.4 汽油	符号(火焰)：黑色或白色；底色：红色；数字"3"写在底角
4	可燃固体，易自燃品，遇水易燃品	4.1 可燃固体(硝化纤维、镁)	符号(火焰)：黑色；底色：白色加上七条竖直红色条带；数字"4"写在底角
		4.2 易自燃品(白磷、烃基铝)	符号(火焰)：黑色；底色：上半部为白色，下半部为红色；数字"4"写在底角
		4.3 遇水易燃品(钠、钙、钾)	符号(火焰)：黑色或白色；底色：蓝色；数字"4"写在底角
5	氧化性物质，过氧化物	5.1 氧化性物质(次氯酸钙、硝酸铵、高锰酸钾、过氧化氢)	符号(圆圈上带有火焰)：黑色；底色：黄色；数字"5.1"写在底角

续上表

		国际航空运输协会(IATA)危险货物等级		
5	氧化性物质,过氧化物	5.2 有机过氧化物(过氧化羟基异丙苯、过氧化苯甲酰)		符号(圆圈上带有火焰):黑色;底色:黄色;数字"5.2"写在底角
6	有毒品,易感染(生物化学)品	6.1 致死致残类有毒品A(氰化钾、氯化汞)、伤害类有毒品B(杀虫剂、二氯甲烷)		符号(骷髅和交叉的骨头棒):黑色;底色:白色;数字"6"写在底角
		6.2 易感染品和生物化学品A(已知和不明疾病致死生物遗体)、易感染品和生物化学品B(病理学标本、医用废弃物)		标志的下半部可以标上"INFECTIOUS SUBSTANCE"(感染性物质)以及"In the case of damage of leakage immediately notify public health authority"("如发生损伤或泄漏立即通知公共卫生机关")的字样。 符号(三个新月形符号沿一个圆圈重叠在一起)和文字:黑色;底色:白色;数字"6"写在底角
7	核放射品及电离辐射品	7.1 一类放射品		符号(三叶型):黑色;底色:白色。 文字(强制性要求),在标志的下半部分用黑体标出:RADIOACTIVE(放射性) CONTENTS…(内容物名称) ACTIVITY…(强度为……);紧跟"放射性"字样的后面标上一条垂直的红色短杠;数字"7"写在底角

续上表

国际航空运输协会(IATA)危险货物等级			
7	核放射品及电离辐射品	7.2 二类放射品	符号(三叶型):黑色;底色:上半部黄色加白边,下半部白色。 文字(强制性要求),在标志的下半部分用黑体标出:RADIOACTIVE(放射性) CONTENTS…(内容物名称) ACTIVITY…(强度为……);在一个黑框里标出:TRANSPORT INDEX…(运输指数)。紧跟"放射性"字样的后面标上二条垂直的红色短杠;数字"7"写在底角
		7.3 三类放射品	符号(三叶型):黑色;底色:上半部黄色加白边,下半部白色。 文字(强制性要求),在标志的下半部分用黑体标出:RADIOACTIVE(放射性) CONTENTS…(内容物名称) ACTIVITY…(强度为……);在一个黑框里标出:TRANSPORT INDEX…(运输指数)。紧跟"放射性"字样的后面标上三条垂直的红色短杠;数字"7"写在底角
		7.4 裂变性物质	底色:白色。 文字(强制性要求),在标志的上半部用黑体标出:FISSILE(裂变性)字样;在一个黑框内标出:Criticality Safety index…(临界安全指数)。数字"7"写在底角
8	腐蚀品	8 酸性腐蚀品(硫酸、盐酸)、碱金属腐蚀品(氢氧化钾、氢氧化钠)	符号(液体,从两个玻璃容器流出来侵蚀到手和金属上):黑色;底色:上半部白色,下半部黑色带白边。数字"8"写在底角

续上表

		国际航空运输协会(IATA)危险货物等级		
9	混杂危险物品	9 混杂危险物品（干冰、安全气带、石棉、磁性物体）		符号(在上半部有7条竖直条带):黑色;底色:白色。数字"9"写在底角
操作标签	深冷液化设备专用	低温液体		
	少量危险品特别许可证	运输少量危险品，客机禁止		
	货机专用	少量危险品		

第二节 分拣操作

快件分拣有直封和中转两种基本方式。采取中转方式,可使快件处理量相对集中,有利于合理组织快件分拣,并为采用机械设备分拣创造条件。快件分拣的关键是要牢记快件的中转关系和中转范围,中转范围可以是一个县、一个市、一个省(自治区、直辖市),甚至几个省(自治区、直辖市)。由于各快递企业的快递网络覆盖范围及快件分拣中心设置的不同,对寄往同一个城市的快件的中转也不同。本节对具体中转关系不做介绍,只阐述分拣的操作依据和要求。

一、分拣依据

快件依据什么信息来进行分拣,各快递企业的做法虽不尽相同,但又类似。总体看,各企业的操作主要有两大类:一是按地址分拣;二是按编码分拣。

按地址分拣,就是俗称的按址分拣方法,处理人员分拣时的依据就是运单上的收件人地址。但是由于运单上的地址一般书写比较长,字比较小,辨认费时,为提高分拣速度,许多快递企业都要求业务员在运单上用唛头笔明显标记该快件应流向的省份、城市名称。快件处理业务员根据唛头笔所填的地址名称分拣,大大提高了分拣的效率。

按编码分拣,就是处理人员按照运单上所填写的城市航空代码、邮政编码或电话区号进行分拣。按编码分拣有利于分拣的自动化。一些快递企业还根据自身业务网络和特色,创建了独特的编码,便于企业内部使用。

按地址分拣和按编码分拣不是截然分开的两种方式,在具体操作过程中两者相互补充,有利于快件准确的分拣到其实际寄达地。

(一)地址书写知识

运单地址栏的最小单位应该写到"××路(街)××号""××路(街)××号××大厦"或者"××路(村)××工业区"。如果是寄往某地购物中心、大型商城、超级、集贸市场的快件,由于这些地方往往楼层复杂、专柜较多,为便于分拣和派送,这些快件的地址栏还应注明专柜名及号码。因此,快件业务员在分拣时应认真辨认,确定运单所填地址是否完整、有效。

对于地址填写不完整、地址内容前后矛盾的快件,业务员应利用运单上的多种信息,例如邮政编码、电话区号、城市航空代码等进行辨析,确定正确的地址。实在无法辨认的应该剔除出来,交有关人员处理。

快递处理业务员在分拣时要注意:使用中文和使用英文填写的运单,在地址书写格式方面有比较大的区别。

1. 中文地址书写格式

中文地址的书写格式是按照从大范围到小范围,范围层层递减方式进行书写,即按照

"××省××市××镇××村××工业区/管理区××栋(大厦)××楼××单元"或者"××省××市××区××街道(路)××号××大厦××楼××单元"的顺序进行填写。

  例如:浙江省宁波市江东区基漕街11号广茂花园2号楼3单元306。

  对于这个地址,首先分拣到"浙江省宁波市",快件到达宁波后分拣到"江东区",然后分拣到派送区域,按照"基漕街11号广茂花园2号楼3单元306"的地址进行派送。

2. 英文地址书写格式

  英文地址的书写格式与中文书写格式恰恰相反,它是从最小的地址单元开始写,范围层层扩大,即按照"××单元××楼××大厦××号××街道(路)××区××市××省"的顺序填写。

  还是以"浙江省宁波市江东区基漕街11号广茂花园2号楼3单元306"为例,如果按照英文格式书写,应该为:

306,3单元,2号楼,广茂花园,11号,基漕街,江东区,宁波市,浙江省

对应的英文为:

Room 306, Unit 3, Building 2, Guangmao Garden, No. 11 Jicao Street, Jiangdong District, Ningbo City, Zhejiang Province.

  业务员在分拣英文书写的地址时要注意从后往前看,如果方向搞反,将发生严重的分拣错误。

(二)各省级行政区及其简称和行政中心及其邮政编码、电话区号(表3-4)

各省级行政区及其简称和行政中心及其邮政编码、电话区号　　表3-4

省级行政区	简　称	省会(首府)名称	邮政编码	电话区号
北京市	京		100000	010
天津市	津		300000	022
上海市	沪		200000	021
重庆市	渝		400000	023
河北省	冀	石家庄市	050000	0311
山西省	晋	太原市	030000	0351
吉林省	吉	长春市	130000	0431
安徽省	皖	合肥市	230000	0551
山东省	鲁	济南市	250000	0531
江西省	赣	南昌市	330000	0791
河南省	豫	郑州市	450000	0371

续上表

省级行政区	简　　称	省会(首府)名称	邮政编码	电话区号
湖北省	鄂	武汉市	430000	027
广西壮族自治区	桂	南宁市	530000	0771
四川省	川(蜀)	成都市	610000	028
贵州省	贵(黔)	贵阳市	550000	0851
陕西省	陕(秦)	西安市	710000	029
青海省	青	西宁市	810000	0971
宁夏回族自治区	宁	银川市	750000	0951
内蒙古自治区	内蒙古	呼和浩特市	010000	0471
辽宁省	辽	沈阳市	110000	024
黑龙江省	黑	哈尔滨市	150000	0451
江苏省	苏	南京市	210000	025
浙江省	浙	杭州市	310000	0571
福建省	闽	福州市	350000	0591
湖南省	湘	长沙市	410000	0731
广东省	粤	广州市	510000	020
海南省	琼	海口市	570000	0898
云南省	云(滇)	昆明市	650000	0871
西藏自治区	藏	拉萨市	850000	0891
甘肃省	甘(陇)	兰州市	730000	0931
新疆维吾尔自治区	新	乌鲁木齐市	830000	0991
香港特别行政区	港		999077	00852
台湾省	台	台北市	999079	00886
澳门特别行政区	澳		999078	00853

二、分拣操作的基本要求

由于分拣机自动分拣基本不需要人工操作，只需要将快件运单朝上摆放在分拣机上，分拣机就会按照既定程序完成快件的分拣，因此，在这里不对分拣机自动分拣操作进行详细介绍，只介绍手工分拣和半自动机械分拣两种方式。

不论是手工分拣,还是半自动机械分拣,都不得有抛掷、摔打、拖拽等有损快件的行为。对于优先快件、到付件、代收货款件等,要单独分拣。

(一) 手工分拣

手工分拣包括信件类快件分拣和包裹类快件分拣两大部分。

1. 信件类快件分拣

在分拣信件类快件时,应注意以下操作要求:

(1) 分拣时操作人员站位距分拣格口的距离要适当,一般在60至70厘米左右。

(2) 一次取件数量在20件左右。快件凌乱不齐时,取件时顺势整理。

(3) 采用右手投格时,用左手托住快件的右上角,左臂拖住快件的左下角,或左手拖住快件左下角,拇指捻件,右手投入并用中指轻弹入格。左手投格时的操作相反。

(4) 分拣后的快件,保持运单一面向上并方向一致。

(5) 分拣出的其他非本分拣区域的快件及时互相交换。

2. 包裹类快件分拣

(1) 将运单一面向上摆放,注意保护运单的完整。

(2) 易碎快件要轻拿轻放,分拣距指定放置点30厘米以下才能脱手。

(3) 按大不压小、重不压轻、木不压纸、金属不压木的原则分拣。

(4) 分拣的快件格口和堆位要保持一定间距,防止串格和误分。

(5) 赶发运输时间和处理时限较短的快件要集中摆放到指定区域,便于封发。

(二) 半自动机械分拣

从各快递企业的实际操作看,一般信件类快件不上传输设备分拣,半自动机械分拣主要是对包裹类快件的分拣。

1. 操作基本要求

在利用带式传输或辊式传输设备分拣包裹类快件时,应注意以下操作要求:

(1) 快件在指定位置上机传输,运单一面向上,平稳放置,宽度不得超过传输带的实际宽度。

(2) 快件传输至分拣工位,分拣人员及时取下快件。未来得及取下而带过的快件专人接取,再次上机分拣或手工分拣。

(3) 看清运单寄达目的地、电话区号、邮编后,准确拣取快件。

(4)取件时,较轻快件双手(托)抓住快件两侧,较重快件双手托住底部或两侧有抓握位的抓牢,贴近身体顺快件运动方向拣取。

2. 操作中的设备安全

(1)设备运行前,检查带式传输或辊式传输设备周围是否有影响设备运行的障碍物,然后试机运行,调试紧急停止按钮。

(2)注意上机分拣的快件重量和体积均不得超出设备的载重和额定标准。

(3)对非正常形状或特殊包装不符合上机传输条件的快件,要剔出改人工分拣,不得上机传输分拣。如:圆形和球形快件及易翻滚快件,用锋利金属带捆扎包装的快件,易碎物品等都严禁上机传输分拣。

(4)上机传输的快件与拣取的速度要匹配。

(5)传输过程发生卡塞、卡阻要立即处理,保证设备正常运行。

(6)分拣传输设备运行中出现危急情况,立即停止设备运行。

3. 操作中的人身安全

(1)不得跨越、踩踏运行中的分拣传输设备。

(2)不得随意触摸带电设备和电源装置。

(3)身体任何部位都不得接触运行中的设备。

(4)拣取较大快件,注意不要刮碰周围人员或物体;拣取较重快件,注意腰部、脚等的保护。

(5)不使用挂式工牌,女工留短发或戴工作帽,分拣时不许戴手套。

三、分拣中常见的异常件

(一)无法分拣的快件

(1)快件运单脱落,无运单。

(2)快件外包装有两张运单。

(3)寄达地址填写错误或邮编、电话区号错误。

(4)寄达地址用同音字代替或使用相似字。

(二)不符合重量和规格要求的快件

(1)快件单件重量超过50千克。

(2)快件单件体积长或高超过150厘米,长、宽、高三边之和超过300厘米。

(三)超越服务范围的快件

(1)公司快递网络未覆盖地区。

(2)虽然快递网络覆盖但不在派送的服务区及未开办某些特殊业务的区域(如到付、代收货款等)。

第四章 总包封发

第一节 总包封装

总包封发作业是指将同一寄达地及其经转范围的快件经过分拣处理后集中在一起,按一定要求封成快件总包并交运的生产过程。主要经过快件的登单和总包的封装,最后装车发运。封发作业必须严格操作,所用的封装空袋、封志、包牌等用品应符合规定,并达到封发的规格标准,以使快件实现准确、安全、完整、及时的传递。

一、快件的登单

登单就是登记快件封发清单,它是快件传递处理的记录,各环节根据记录的内容接收和处理快件。登单一般分为手工登单和扫描登单。手工登单要选择合适的清单规格,准确填写登单日期、清单号码、原寄地、寄达地。扫描登单是使用条码设备扫描快件条码自动生成封发清单,包含信息与手工登单相同。随着信息化程度的提高,现在快递企业一般采用扫描登单,在系统内生成电子清单。

(一) 清单的基本知识

1. 清单的概念

快件封发清单是指登列总包内快件的号码、寄达地、种类或快件内件类别等内容的特定单式,是接收方复核总包内快件的依据之一,也是快件作业内部查询的依据。

2. 清单的种类

从形式上分,清单分为纸质清单和电子清单两种。

从内容上分,根据生产作业的实际需要,清单分多种格式和功能,有普通快件清单、报价快件清单、代收货款清单等，其作用是相同的。清单内容主要包括清单的号码、始发地、目的地、快件的号码、寄送地、种类及总数。

（二）手工登单的操作要求

（1）选择合适的清单，准确填写登单日期（或加盖专用封发地日期戳记）、清单号码、封发地、寄达地。

（2）清单号码编排如以数字顺序、日期、专用代码为编列序号时，不得重复或编错。

（3）按出站发车的先后顺序，完整、准确地逐件抄登快件号码、寄达地、快件类别、重量等内容。

（4）抄登快件使用规范的汉字、阿拉伯数字及专用代码。

（5）对于退回、易碎、液体快件，要在备注栏或相关栏分别注明。

（6）对于报价、代收货款、到付快件，应注明金额或使用专用清单。

（7）抄登多页清单时，应在每一页上注明页数，快件的总件数登在清单的最末一页。

（8）对一票多件的快件要集中抄登。

（9）结束登单时，应在指定位置使用正楷签名或加盖操作业务员名章。

（10）对需要建包的快件，登单结束后制作总包包牌。

（三）扫描登单的操作要求

（1）首先启动操作系统，使用操作员本人用户名和密码登录，选择系统中登单功能操作模块，系统一般默认始发站代码和日期等信息。

（2）根据操作系统提示，首先要扫描预制总包包牌，并输入封发快件的寄达地代码、运输方式、快件类别、转运站代码等相关信息进行建包。

（3）建包后逐票扫描快件条码，装入总包。

（4）扫描时注意设备提示音响，当设备发出扫描失败提示音时，应复查出错原因及时纠正。

（5）为合理建立总包、方便报关，保证快件安全完好，应将快件分类扫描。文件与包裹、重货与轻货分开，可批量报关的低价值快件，与单独报关的高价值快件分开扫描，分袋封装。

（6）一票多件的快件要集中码放、集中扫描。

（7）条码污染不完整无法扫描的快件，用手工键入条码信息或按规定换单处理。

（8）限时快件、撤回快件、其他有特殊要求快件应输入特殊件代码或另登录专用模块单独处理。

(9)扫描结束,调取扫描数据与实物快件比对,件数是否相符;检查快件寄达城市代码,是否分属本总包经转范围,不符合则应及时纠正。

(10)有快件无扫描记录的,应重新扫描登单。

(11)上传数据。

(12)检查作业场地及周围有无遗漏快件。一切正常则退出登录,关闭系统;否则重复前面步骤重新扫描操作。

二、总包的封装

总包的封装是将发往同一寄达地或中转站的快件和对应的清单,集中规范地放置在袋或容器中,使用专用工具封扎、封闭袋口或容器开口,并拴挂包牌或标签的过程。

(一)总包包牌(包签)

总包包牌(包签)是指快递企业为发寄快件和内部作业而拴挂或粘贴在快件总包袋指定位置上,用于区别快件的所属企业和运输方式及发运路向等的信息标志。不同的快递企业使用的包牌不同,但包含的信息大多相同。如图4-1所示。

包牌(包签)的制作一般有两种方式:一是在操作系统中实时生成总包包牌(包签);二是手工书写包牌、包签。

图4-1 总包包牌(包签)

包牌填写时注意信息要准确、全面,要求特殊作业总包要使用规定包牌。主要注意以下几项:

(1)总包包牌应包含总包号码、原寄地、寄达地等信息,在指定位置准确填写快件总包重量、件数或票数。

(2)有特殊要求的快件,如优先快件和保价快件,总包按要求注明优、保价等特殊信息。

(3)包牌禁止涂改,如有错填要更换新包牌重新填写。

(二)总包包袋

包袋也称总包空袋,是用于盛装快件的袋子,由棉质、尼龙、塑料等不同材质制成。容器有集装箱、金属笼等。

1.包袋的使用要求

快件的封装离不开封装袋或容器,应根据快件体积大小、重量、所寄内件性质选择相

适应的包袋、轮式箱和集装箱,以各企业要求为标准,但无论使用何种包袋或容器,都要注意以下几种情况:

(1)不得使用企业规定外的包袋或容器。

(2)不得使用有破损的包袋或容器。

(3)不得使用水湿、污染、形状改变的包袋。

(4)不得使用印有其他快递企业标识的容器。

(5)不得将包袋或容器挪作他用或故意损坏。

2. 封袋操作

(1)选用大小适宜、颜色正确的包袋。包袋的大小,应根据快件的数量和体积合理选用,切忌用大号包袋封装少量快件。文件类和物品类、普通快件和限时快件一般用不同颜色的包袋。

(2)将包袋置于撑袋架上(图4-2)。

(3)先扫描包牌,然后将快件逐件扫描,按重不压轻、大不压小、结实打底、方下圆上、规则形放下、不规则形放上的原则装袋。

(4)对总包盛装不能过满,装袋不宜超过整袋的三分之二,重量不宜超过32千克。

(5)封装袋装好后,要在扎绳的绳扣上或塑料封志上垂直拴挂快件包牌。发航空运递的总包要加挂航空包牌,对有特殊要求的快件加挂相应的包牌。

(6)用塑料封志或扎绳封紧袋口(图4-3),使内件不晃动为宜。

图4-2 撑袋架上的包袋

图4-3 封扎袋口

(7)封装结束,检查作业场地及周围有无遗漏快件及未封装快件。

第二节 总包装载

一、总包堆码

当转运车辆已经到达时,完成封装的快件总包及其总包单件和卸载中转的总包应及时装车发运;如果转运车辆不能及时到达,应将其整齐堆码在指定的位置。

1. 总包堆码要求

(1)各堆位之间应有明显的隔离或标志,留有通道。

(2)快件总包应立式放置,整齐划一,排列成行,高度以一层为宜。

(3)空间不足,多层堆放时,采用耐压大袋垫底,袋口向外一字排开逐层叠上的方式,包牌向上,便于核对路单。

(4)代收货款、到付快件和优先快件应单独码放。遇到码放有特殊要求的总包单件,如贵重物品,应按要求单独交接码放。

(5)库房堆放要有秩序,杜绝任意乱放,每次进库总包要及时处理归堆,并留出通道。堆码要求整齐、牢固,堆位名称标注在明显、不易遮挡位置。

2. 总包堆码注意事项

(1)根据不同航班和车次及赶发时限的先后顺序建立堆位。

(2)车次或航班的代码和文字等相近、相似的堆位要相互远离。

(3)总包快件堆码时,不得有扔、摔及其他损坏快件的行为。

(4)码放在托盘或移动工具上的总包快件,应结合工具的载重标准和安全要求码放,但码放高度不宜超过工具的护栏或扶手。

(5)快件总包堆码时,要注意保护包牌(包签)不被损坏或污染。

二、总包装载

根据快件总包发运计划,将比对核查过的总包,按规定的快件发运频次和时限要求,准确无误地装发相关交通运输工具(飞机、火车、汽车)。

(一) 装载前准备

(1)根据总包发运计划及班次、吨位、容积和路向等情况,与汇总的发运信息进行比较,核算应发总包的堆位及其数量。

(2)当运量超过运能时,应及时进行相应调整。

(3)快件总包发运数量确定之后,制作出站快件总包的总包路单。总包路单一般只登记始发站、终到站和总包数量。

(二)总包装载及码放

厢式汽车是快件总包运输的主要运载工具,总包装载及码放应该遵守以下规则:

(1)装车工作应由两人及两人以上协同作业。

(2)装码总包要求:逐层码放,大袋、重袋堆在下部,规则形总包堆在下部,不规则形总包放在上部,不耐压、易碎总包放在上层。

(3)满载时(要按载重标志),要从里面逐层码高后向外堆码,结实打底,较小的总包放在中间压住大袋袋口,填放在低凹和空隙处。

(4)数量不到满载的,车厢里层最高,层次逐渐外移降低,这样可防止车辆起动、制动时堆位倒塌造成混堆,避免卸错或漏卸。

(5)数量半载的,里层高度可稍低,比照上条所述堆码,不可以只装半厢,造成前端或后端偏重。

(6)严禁将快件码在车厢一侧,造成侧重不利于行车安全。

(7)装卸两个或两个以上卸货点的汽车,要按照"先出后进""先远后近"的原则装载总包,堆位之间应袋底相对(总包袋底部贴在一起,可防止混堆),也可用绳网分隔。分隔方法有两端分隔和逐层分隔。

①两端分隔就是两个堆位快件总包从两端护栏杆堆码向中间移装,但中间必须有绳网将两堆位分开。

②逐层分隔就是将"后出"(班车线路后到的)快件总包在汽车上码好后用绳网隔断,然后再装"先出"快件总包。

第三节 交接发运

一、总包路单的制作

总包封装完成,按发运的路由线路制作总包路单,总包路单可起到明确交接责任的作用,使交接过程具有可追溯性。

(一)总包路单的概念

总包路单是记录快件总包的封发日期、接收日期、封发路由、总包数量和种类、总包总重量、原寄地、寄达地等详细信息,用于运输各个环节交接的单据。使用总包路单可明确责任,使交接过程有凭有据。电子总包路单也可起到预告到货信息的作用,方便下一站提前做好接收准备。

(二)总包路单的填制

总包路单的制作分为手工制作、系统扫描制作两种。图4-4为某企业总包路单格式。

快件总包路单
第　　号

由_____ 交_____　　　　　　　年　月　日

格数	总包号码	始发站	终到站	袋	件	毛重(千克)	备注
1							
2							
3							
⋮							
10							
	共						

交发人员签章_____　　　　　　　　接收人员签章_____

图4-4　总包路单

1. 手工制作总包路单

(1)快件总包封装完成后,进入发运环节。禁止不登总包路单发运。

(2)总包路单要按一定规律编列顺序号,不要重号或越号。如发生重号或越号,要在备注里注明,并通知接收站修改后存档。

(3)号码栏和重量栏中数字要清晰规范,字母要易于辨认,号码与相关包牌一致。

(4)始发站与终到站要按规定填写清晰准确,与包牌一致。

(5)总包路单要逐格逐袋登录,有特殊操作要求总包要在备注栏中批注。

(6)每一类发运方式,总包路单的总袋数和总重量要统计准确,将所有总包路单汇总，可合计出本班次封发总包总件数和总重量。

（7）总包路单应按规定份数填制。

（8）交接完毕，留存总包路单整理存档。

2. 应用操作系统制作总包路单

（1）首先启动操作系统，输入操作员账号密码进入系统，调出登录总包路单模块。设定发运方式、寄达地代码、快件类型、发运班次等信息。系统自动调取预制总包号码、重量、目的地等信息形成总包路单。

（2）系统按日期顺序生成总包路单编码；打印出总包路单，按实际总包号码勾核总包路单格数内号码，纠正错登、漏登号码。

（3）有特殊操作要求总包要在备注栏中批注后再打印。

（4）总包路单应按规定份数打印。

（5）系统可按每一类发运方式汇总袋数和重量，生成本班次操作总件数和总重量。

（6）交接完毕，留存总包路单整理存档。

二、出站快件总包的交接

1. 汽车运输快件的交接

（1）指挥或引导车辆安全停靠指定的交接场地。

（2）交接双方共同办理交接。

（3）核对交接的总包数是否与总包路单填写票数相符，所交总包单件规格是否符合要求。

（4）快件的装载配重和堆码是否符合车辆安全运行标准。

（5）出站快件路单的发出站、到达站/终到站、车辆牌号、驾驶员/押运员填写是否规范。

（6）交接结束双方签名盖章，在总包路单上加注实际开车时间。

2. 委托运输的航空或铁路快件的交接

（1）核对航空或铁路接收快件所填写的货舱单或航空结算单及货站发货单是否与所发快件数量、重量、航班等相符。

（2）核对航空快件安全检查是否全部符合要求。

（3）核对交发的快件规格及快件总包包牌或包签是否完好。

(4)交接结束,交接双方要在货舱单或航空结算单及货站发货单签名盖章。

三、建立车辆封志

车辆封志一般有门锁、特制塑料或金属条码封条、全球卫星定位系统(GPS)与地理信息系统(GIS)结合的信息记录等。

(一)建立车辆封志的操作步骤

(1)总包装载结束后,由车辆的押运人员或驾驶员将车门关闭。

(2)场地负责人将车辆封志加封在车门指定位置,车辆押运人员或驾驶员监督车辆施封过程。

(3)将塑料条码封条尾部插入锁孔中,再穿入条码封条顶部的扣眼中,用力收紧,并检查施封是否完好。

(4)将施封的条形码号登记在出站快件的总包路单上。

(5)车辆押运人员或驾驶员与场地负责人在总包路单上签字确认。

(二)建立车辆封志的注意事项

(1)施封前,要检查车辆封志是否符合要求,GPS定位系统是否正常。

(2)施封时,发运人员与押运人员(或驾驶员)必须同时在场。

(3)施封后的封志要牢固,不能被抽出或捋下。

(4)施封过程中要保证条形码完好无损。

(5)核对封志的条形码与总包路单上登记的号码是否一致。

第五章
快件信息管理

第一节 信息采集

一、快件信息录入

快件信息录入是指快件成功收寄之后,将快件的运单号码、寄件人和收件人信息、资费、重量、目的地、寄件时间等信息录入快递企业的计算机信息系统。

(一)快件信息录入操作

进入计算机信息系统快件信息录入的操作界面,各快递企业使用的信息不同,操作界面也不同。根据操作界面的提示,按要求录入相应的信息。录入信息时,注意录入的信息须与快递运单内容保持一致。

录入内容包括运单条码、寄件人信息、收件人信息、寄递物品信息、资费、重量、取件业务员、寄件日期、寄件人签名等。信息录入完毕后,立刻上传与快递企业的网络信息系统对接,使寄件人及收件人可以凭运单号码查询快件状态。

(二)快件信息录入的作用

(1)便于客户查询。录入信息上传后,客户即可通过快递企业的快件查询系统,查询快件的实时信息,随时了解快件的流向和状态。

(2)便于快件配载计划的制订。快件处理单位,可根据快件的重量信息,提前做好快件配载计划,提高操作的可控性和快件时效。

(3)便于财务收款。财务收款人员可根据快件的资费信息,提前对各位业务员做好交款账单,使营业款交接更加准确、高效。

(三) 快件信息录入的要求

1. 真实性

业务员在整理录入派送信息时,应如实记录,不得捏造。如:派件时业务员没请客户签字,回到营业网点后,业务员替代客户签字,并将冒充的签名录入系统。

2. 完整性

完整地录入派送信息,便于快件信息查询。业务员不能为了省事,简化输入。如:某客户的名字比较长,业务员录入时只录入"某小姐/先生",没有按照运单上的名字全名录入。

3. 及时性

及时地录入派送信息,快件派送成功后,业务员需要在快递企业规定的时间内录入派送信息,以便寄件人查询快件派送的结果。

二、快件信息采集设备

快递信息采集设备随着智能手机的普及和手持终端的智能化,已经由最初的手工逐步升级到自动化采集设备,信息采集的准确率也是越来越高,呈现出新的特点。

1. 信息采集设备要求

1) 便利性
现在生活节奏逐步加快,要求便利性逐渐增加,信息采集设备容易使用最为重要。

2) 复合性
快递采集设备除保证信息流的顺畅外,还要求把收费和信息查询集成进去,方便电子支付快递费用,还易于对快件所处的环节进行查询。

3) 保密性
现在网上售卖个人信息的现象十分普遍,为客户保密信息成为快递企业必须面对的问题,采集设备的保密传输成为重要要求。

2. 信息采集设备的形式

1) 手工输入
有些快递企业仍然采用手工登单方式,由客户填写空本面单,收派员收集后由快递处理点专门人员负责录入,这种方式效率不高,出错率较高。

2)利用智能手机录入

(1)微信公众账号。

在微信中通过"添加朋友"加入公众账号,或者通过"扫一扫"加入公众账号,在工具菜单中用手机号完成注册,即可随时通过该账号下单,如"顺丰速运""EMS 中国邮政速递物流"等公众账号都可以完成寄件或下单功能。该方式把信息输入权交给客户,减少出错率,同时可查询该用户发出的快件信息。

有些快递企业也利用微信小程序的功能完成信息的收集。

(2)支付宝应用程序。

打开支付宝应用首页,找应用"我的快递"(若没有可以点击更多),点击"我的快递"后"查快递、寄快递、付款、实名码",其中"实名码"可以代替身份证验证,点击"寄快递"里面有 19 种快递供选择,点击其中一种进行授权,就可以选择寄件人信息等完成下单,等待快递员上门,寄件完成后可以查询快件信息。

(3)第三方软件的下单功能。

有很多软件提供快递下单查询功能,能够建议选择哪家快递公司,比较有名的是"微快递",点击"发快递"菜单填完信息并发布后,附近快递员可以抢单,无人抢单将发至快递企业官网,这是属于比较高效的下单方法。

(4)各快递企业官网或官方 App。

各快递企业都有自己的 App,下载安装就可以注册使用,非常方便,当然也可去官方网站自行下单,这类工具往往有该企业的商城或其他上下游产品入口,具有鲜明的导向性。

随着人工智能 AI 技术的发展,信息收集设备还会在功能和速度上更强、更快。

三、条形码基础知识

条形码简称条码,是由宽度不同、反射率不同的条和空,按照一定的编码规则编制而成的,用以表达一组数字或字母符号信息的图形标识符。这些条和空可以有各种不同的组合方法,从而构成不同的图形符号,也称码制,适用于不同的场合。条码技术在快递中的应用,使快件从收寄、运输、分拣、派送等各个环节都可以使用条码进行管理,解决了快递信息的录入和采集的瓶颈问题,为快递企业的发展提供了有力的技术支持。

1. 条码的分类

条码根据其信息密度和所承载信息量的不同可分为一维条码和二维条码。

1）一维条码

普通的一维条码自问世以来,很快得到了普及及广泛应用。一维条码(1D Barcode)一般是在水平方向表达信息,而在垂直方向则不表达信息,其一定的高度通常是为了便于阅读器对准。一维条码的应用可以提高信息录入的速度,减少差错率,但是一维条码数据容量较小(30Bytes 左右),只能包含字母和数字,条码尺寸相对较大(空间利用率较低),如普通快递运单上的一维条码仅能容十几位的阿拉伯数字,只能表示运单号码(图 5-1),更多描述快件的信息需要依赖数据库的支持。

2）二维条码

二维条码(2D Barcode)是在水平和垂直方向的二维空间存储信息的条码。二维条码可直接显示英文、中文、数字、符号和图形。存储数据量大,可存放 1000Bytes,能描述快件的详细信息;同时它容易打印,可以采用原来的标签打印机打印。二维条码具有很强的自动纠错能力,在快件运输中,即使条码标签受到一定的污损,二维码依然可以被正确地识读(图 5-2)。另外,二维条码还以根据需要进行加密,以防止数据被非法篡改。由于二维条码所具备的优势,目前快递企业的电子运单大量采用了二维条码。

图 5-1　国内运单中常见的一维条码

图 5-2　运单中常见的二维条码

二维条码通常分为堆积式二维条码(又称层排式、行排式二维条码)和矩阵式二维条码(又称棋盘式二维条码)两大类。堆积式二维条码编码原理是建立在一维条码基础之上,按需要堆积成二行或多行,有代表性的堆积式二维条码有 PDF417 码、Code49 码、Code 16K 码等。具有代表性的矩阵式二维条码有 QR Code 码、Data Matrix 码、Maxi Code 码、Code One 码等。

一维条码和二维条码的区别见表5-1。

一维条码和二维条码的区别　　　　　表5-1

条码分类	信息密度与信息量	纠错校验及纠错能力	垂直方向是否携带信息	用途	对数据库和通信网络的依赖	保密性	识读设备
一维条码	信息密度低，信息容量小	可通过校验符对错误进行校验，没有纠错能力	不携带信息	对物体的标识	多数应用场合依赖数据库及通信网络	保密性差	可用线扫描识读器，如光笔、线阵CCD、激光枪等
二维条码	信息密度高，信息容量大	具有错误校验和纠错能力，可根据要求设置不同的纠错级别	携带信息	对物体的描述	可不依赖数据库及通信系统而单独使用	保密性好	堆积式二维条码可用线扫描器多次扫描识读；矩阵式二维条码仅能用图像扫描器识读

2. 条码的特点

（1）简单。

条码符号制作容易，扫描操作简单易行。

（2）信息采集速度快。

普通计算机的键盘录入速度是200Bytes/分，而利用条码扫描录入信息的速度是键盘录入的20倍。

（3）采集信息量大。

利用条码扫描，依次可以采集几十位字节的信息，而且可以通过不同码制的条码增加字符密度，使录入的信息量成倍增加。

（4）可靠性高。

键盘录入数据，误码率为三百分之一，利用条码扫描录入，误码率仅有万分之一，首读率可达98%以上。

（5）灵活实用。

条码符作为一种识别手段可以单独使用，也可以和有关设备组成识别系统实现自动化识别，还可以与其他控制设备联系起来实现整个系统的自动化管理。

3. 条码在快递企业的应用

1）快件信息管理

在快件上应用条码技术，在收寄、接收、分拣、封发、派送环节，可以扫描进入信息系统,形成快件位置信息,并可以进行快件的自动分拣,大大提高了工作效率。同时解决了快件信息滞后和信息不准确的问题,提高了客户服务质量。

2) 业务人员管理

每个班次开工时,业务员可以通过条码数据采集器扫描员工卡上的条码,把考勤数据记录到数据采集器,上传到信息系统。

四、条码识读设备

要将按照一定规则编译出来的条码转换成有意义的信息,需要经历扫描和译码两个过程。条码识读设备由条码扫描器和条码编译器两部分组成,是整个条码系统的核心部分。目前,大部分条码扫描识读器将扫描器和编译器集成在一起。

条码扫描器的种类很多,常见的有以下几类。

1. 手持式条码扫描器

手持式条码扫描器是 1987 年推出的产品,如图 5-3 所示。大多数采用 CIS 技术,光学分辨率为 200 点每英寸(dpi),有黑白、灰度、彩色多种类型,其中彩色类型一般为 18 位彩色。也有产品采用 CCD 作为感光器件,可实现 24 位真彩色,扫描效果较好。目前在快递企业中使用较多。

图 5-3　手持式条码扫描器

2. 小滚筒式条码扫描器

小滚筒式条码扫描器是手持式条码扫描器和平台式条码扫描器的中间产品,如图 5-4 所示。这种产品大多数采用 CIS 技术,光学分辨率为 300 点每英寸(dpi),有彩色和灰度两种,彩色型号一般为 24 位彩色,也有少数小滚筒式条码扫描器采用 CCD 技术,扫描效果明显优于 CIS 技术的产品,但由于结构限制,体积一般明显大于 CIS 技术的产品。小滚筒式的设计是将条码扫描器的镜头固定,而移动要扫描的物件通过镜头来扫描。

3. 平台式条码扫描器

平台式条码扫描器又称平板式条码扫描器、台式条码扫描器,如图 5-5 所示。这类条码扫描器光学分辨率在 300～8000 点每英寸(dpi)之间,色彩位数从 24 位到 48 位,扫描的幅面一般为 A4 或 A3。平台式的好处在于使用方便,扫描效果是所有常见类型条码扫描器中最好的。

图 5-4　小滚筒式条码扫描器　　　图 5-5　平台式条码扫描器

五、射频识别技术

1. 定义

射频识别技术（Radio Frequency Identification，RFID）与条码技术一样，都属于非接触式自动识别技术。射频识别技术是利用无线电波对记录媒体进行读写，因此不局限于视线，识别距离比光学系统远。射频识别卡具有可读写能力，可携带大量数据，难以伪造，且智能。

射频识别技术于 20 世纪 80 年代出现，90 年代后进入实用化阶段。射频识别的标签与识读器之间利用感应、无线电波或微波进行非接触双向通信，实现标签存储信息的识别和数据交换。

与条码技术相比，射频识别技术最突出的特点是非接触识读（识读距离可以从 10 厘米到几十米）、可识别高速运动物体、抗恶劣环境能力强，一般污垢覆盖在标签上不影响标签信息的识读。RFID 读取设备利用无线电波，可以识别高速运动的物体并可同时读取多个标签信息，也就是说一辆满载各种快件的卡车直接从装有射频阅读器的检测点驶过时，其装载的所有快件的所有标签信息就可以同时被读取，而条码依靠手工读取方式，需要一个一个地扫描，效率较低；RFID 属于电子产品，能适应条件苛刻的环境，且保密性好，而条码属于易碎标签，容易褪色、被撕毁；RFID 标签内部嵌有存储设备，可以输入数千字节的信息，这是条码不能比的；最关键的是，条码是一次性的，不可改变，而 RFID 可以进行任意修改，因此特别适用于要求频繁改变信息内容的场合。

2. 组成部分

RFID系统一般由标签、阅读器和天线三部分组成(图5-6)。

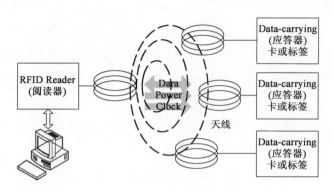

图5-6　RFID系统基本组成

应答器:由天线、耦合元件及芯片组成,一般来说都是用标签作为应答器,每个标签具有唯一的电子编码,附着在物体上标识目标对象。

阅读器:由天线、耦合元件及芯片组成,读取(有时还可以写入)标签信息的设备,可设计为手持式RFID阅读器或固定式阅读器。

应用软件系统:作为应用层软件,主要是把收集的数据进一步处理,并为人们所使用。

3. 射频识别系统的特点

最重要的优点是非接触识别,它能穿透雪、雾、冰、涂料、尘垢和条形码无法使用的恶劣环境阅读标签,并且阅读速度极快,大多数情况下不到100毫秒。有源式射频识别系统的速写能力也是重要的优点,可用于流程跟踪和维修跟踪等交互式业务。

射频识别系统具有如下特点:

(1)快速扫描。RFID辨识器可同时辨识读取数个RFID标签。

(2)体积小型化、形状多样化。RFID在读取上并不受尺寸大小与形状限制,不需为了读取精确度而配合纸张的固定尺寸和印刷品质。此外,RFID标签可向更小型化与多样形态发展,以应用于不同产品。

(3)抗污染能力和耐久性。传统条形码的载体是纸张,因此容易受到污染,但RFID对水、油和化学药品等物质具有很强的抵抗性。此外,由于条形码是附于塑料袋或外包装纸箱上,所以特别容易受到折损;RFID卷标是将数据存在芯片中,因此可以免受污损。

(4)可重复使用。条形码印刷上去之后就无法更改,RFID标签则可以重复地新增、修改、删除RFID卷标内储存的数据,方便信息的更新。

(5)穿透性和无屏障阅读。在被覆盖的情况下,RFID能够穿透纸张、木材和塑料等非金属或非透明的材质,并能够进行穿透性通信。而条形码识读设备必须在近距离且没有物体阻挡的情况下,才可以辨读条形码。

(6)数据的记忆容量大。一维条形码的容量是30Bytes,二维条形码最大的储存容量可至3000Bytes,RFID最大的容量则有数兆字节。随着记忆载体的发展,数据容量也有不断扩大的趋势。未来物品所需携带的资料量会越来越大,对卷标所能扩充容量的需求也相应增加。

(7)安全性。由于RFID承载的是电子式信息,其数据内容可经密码保护,从而使其内容不易被伪造及变造。

RFID因其所具备的远距离读取、高储存量等特性而备受瞩目。它不仅可以帮助快递企业大幅提高货物、信息管理的效率,还可以让快递企业更加准确地接收反馈信息,控制需求信息,优化整个快递信息传输。

4. 读写设备

当有读写设备时,RFID才能发挥其作用。RFID读写设备有RFID读卡器、RFID读写模块等。这些设备可以将RFID的数据读取或写入,读卡器连接的识别系统有密钥芯片,能做到很好的加密。

第二节 信息处理

一、快件差异报告

快件差异报告又称验单,是指记录快件在处理过程中发现的差错或不符合规定事项的单据,用以明确责任,改进工作而缮发的一种单式。快件差异报告是解决快件异常问题的重要依据,是判明责任的原始凭证,具有法律认可的证据作用。

不同的快递企业对缮发快件差异报告要求不尽相同。有的快递企业有专门的快件差异报告,对书写快件差异报告也有专门的格式要求,比如邮政EMS缮发验单。但是目前大多数快递企业都是利用快递信息网络,利用E-mail、QQ、微信等即时信息服务工具向上一环节缮发快件差异报告,对格式的要求并不严格,重点要求把发现的问题说明清楚。

(一)缮发快件差异报告的规定

(1)一般应由各处理中心办理,并经主管人员签发。

(2)快件差异报告应当按顺序编号,每年换编一次。每份快件差异报告均需留底存查,保存期不少于1年。

(3)缮发快件差异报告,一般一式二份,其中一份由档案部门登记存档。如发生差错事项性质严重,涉及赔偿等事项时,快件差异报告应增加相应份数抄送相关部门,并抄送上级主管部门。

(4)缮发快件差异报告后,交主管人员审阅签发并填写日期和经办人员名章。

(5)快件差异报告寄发后,如需对方答复的,应及时催复。

(6)为便于相关部门查找和处理,缮写快件差异报告应做到文字工整,事由清楚,内容具体。

(二)快件差异报告填写的内容

(1)快件差异报告编号、处理中心(营业网点)名称、缮发日期。

(2)快件交运的航班(车次)、路单或清单号码、发运日期。

(3)快件包号、收寄日期、寄件人或收件人的详细名址、快件重量。

(4)发生差错、延误、损毁、丢失等问题的原因及处理情况。

(5)随快件差异报告附寄齐全可靠的相关证物(包袋、封志、绳扣、包牌、清单、路单复印件等)。

(6)经办人、主管签字或盖章。

(三)缮发快件差异报告的范围

当在快件处理中心发现以下情况时,应缮发快件差异报告,以求问题得到及时妥善解决。

(1)总包封志印字不清或封志被破坏。

(2)内件破损造成袋皮水湿、油污。

(3)总包路向错误。

(4)总包内未附封发清单。

(5)封发清单缺号、错号、重登或漏登等。

(6)登录更改、划销未盖章或错漏结数等。

(7)内件短少、内件破损或复秤重量短少等。

(8)快件超过规定重量、尺寸规格。

(9)寄递禁寄或限寄超量物品。

(10)错收未开通送达地的快件。

(四)快件差异报告的书写要求

(1)文字书写要工整规范。不要写怪体字或错别字。

(2)语句表达要通顺,应简明扼要。使用快件差异报告专用词语和文体。

(3)内容叙述要明确。内容叙述要具体、清楚,提供的项目详尽和明确,便于对方立即查处。

(4)事实描述要准确。在缮写快件差异报告时,若叙事不全,含意不清,或是漏掉主要环节,都可能会使对方无法明确问题的实际情况,甚至造成误解,给问题的解决带来困难。

(5)附件证物要齐全。常见的附件有:

①不合规格,无法更正寄发的快件;

②快件破损或短少时填制的记录单;

③其他单据;

④证物也属附件中的一种,常见的证物有包牌、封志和包签等。

(五)快件差异报告的书写示例

以某快递企业经营活动中发生的几种情况的快件差异报告举例:快件于2020年7月27日由济南处理中心发往杭州处理中心,7月28日到达杭州处理中心,快件进行中转处理时发现问题,杭州处理中心缮发快件差异报告给济南处理中心。

情况1:未收到总包(表5-2)。

快件差异报告　　　　　　　　　　　　　表5-2

第2020072801号

由　杭州　处理中心(营业网点)发至　济南　处理中心(营业网点)
验明各种差错和不合事项如下: 我公司于2020.7.28在接收济南至杭州干线班车过程中,路单登录123袋总包,我公司实收122袋,经两人眼同比对,缺少No.10005总包,经查车辆封志完好无损,无拆动痕迹,请你公司速查No.10005总包下落,速答复。
附件:车辆封志
经手人员:李某某 主管人员:王某某 发验部门章　　　　　　　　　　　　　　　　2020年　7月28日

情况2：收到总包无路单或清单(表5-3)。

快件差异报告　　　　　　　　　　　　　　　　　　表5-3

第 2020072802 号

由　　　杭州　　　处理中心(营业网点)发至　　　济南　　　处理中心(营业网点)
验明各种差错和不合事项如下： 我公司于2020.7.28在接收济南至杭州干线班车过程中，收到你公司 No.10005 总包和 No.10006 总包无清单，请速提供上述总包清单。
附件：No.10005 总包和 No.10006 总包包牌
经手人员：李某某 主管人员：王某某 发验部门章
2020 年　7 月 28 日

情况3：总包重号(表5-4)。

快件差异报告　　　　　　　　　　　　　　　　　　表5-4

第 2020072804 号

由　　　杭州　　　处理中心(营业网点)发至　　　济南　　　处理中心(营业网点)
验明各种差错和不合事项如下： 我公司于2020.7.28在接收济南至杭州干线班车过程中，发现 No.10016 总包重号，请你部门查明，速把查核结果告知。
附件：No.10016 总包包牌
经手人员：刘某某 主管人员：王某某 发验部门章
2020 年　7 月 28 日

情况4：多收或短收快件（表5-5）。

快件差异报告　　　　　　表5-5

第 2020072805 号

由　　杭州　　处理中心（营业网点）发至　　济南　　处理中心（营业网点）
验明各种差错和不合事项如下： 　我公司于2020.7.28在接收济南至杭州干线班车过程中，经两人眼同比对，发现 No.10004 总包内含快件30件，而非总包清单所述32件。经查总包封志完好无损，无拆动痕迹，请你公司查明原因，速把查核结果告知。
附件：No.10004 总包清单、包袋皮、包牌、封志
经手人员：李某某 主管人员：王某某 发验部门章 　　　　　　　　　　　　　　　　　　　　　2020 年　7 月 28 日

情况5：快件误发、漏发（表5-6）。

快件差异报告　　　　　　表5-6

第 2020072806 号

由　　杭州　　处理中心（营业网点）发至　　济南　　处理中心（营业网点）
验明各种差错和不合事项如下： 　我公司于2020.7.28在接收济南至杭州干线班车过程中，发现 No.10005 总包清单上 EE360 快件为误发，该件重1200克，现已航空形式转发目的地。 　请确认并撤回随附的 No.10005 清单复印件以便记账。
附件：No.10005 总包清单
经手人员：李某某 主管人员：王某某 发验部门章 　　　　　　　　　　　　　　　　　　　　　2020 年　7 月 28 日

情况6:快件破损(表5-7)。

快件差异报告　　　　　　　　　　　　　　　表5-7
第 2020072808 号

由　杭州　处理中心(营业网点)发至　济南　处理中心(营业网点)
验明各种差错和不合事项如下: 　　我公司于2020.7.28在接收济南至杭州干线班车过程中,开拆 No.10006 总包,发现 EE365 快件外包装破损,内件外露。该快件现已重新包装,将安排有效派送给收件人,请提前告知收件人此情况,征询收件人是否无保留意见接受该件,速告知。
附件:快件破损照片
经手人员:李某某 主管人员:王某某 发验部门章 　　　　　　　　　　　　　　　　　　　　　　　　　　　2020年　7月28日

情况7:快件地址不全(表5-8)。

快件差异报告　　　　　　　　　　　　　　　表5-8
第 2020072809 号

由　杭州　处理中心(营业网点)发至　济南　处理中心(营业网点)
验明各种差错和不合事项如下: 　　我公司于2020.7.28在接收济南至杭州干线班车过程中,开拆 No.10007 总包,发现 EE368 快件因收件人地址欠详,无法分拣,现已滞留待处理,请征询寄件人准确地址,以便及时中转。
附件:快递运单复印件
经手人员:李某某 主管人员:王某某 发验部门章 　　　　　　　　　　　　　　　　　　　　　　　　　　　2020年　7月28日

情况 8：禁寄物品不予转递（表 5-9）。

快件差异报告　　　　　　　　　　表 5-9

第 2020072810 号

由　　杭州　　处理中心（营业网点）发至　　济南　　处理中心（营业网点）
验明各种差错和不合事项如下： 我公司于 2020.7.28 在接收济南至杭州干线班车过程中，开拆 No.10008 总包，发现 WE321 和 WE345 两快件中含有禁寄物品，现予以扣留，待处理。
附件：WE321 和 WE345 两快件内件照片
经手人员：李某某 主管人员：王某某 发验部门章
2020 年　7 月 28 日

二、快件信息查询

快件信息查询主要有两类需求，一类是场地处理人员查询，另一类是快件收件人、寄件人及相关人员，不管哪一类都是把运单号作为查询的主要凭证，有时需要辅助其他信息。

（一）场地快件查询

场地处理人员查询快件，主要是对问题件的走向进行查询。

遇到此类需求，需要借助信息系统确定快件所处的环节，是在车辆运送途中还是已经中转到下一级，或者在场地已经接收尚未处理，然后把查到快件环节信息做进一步处理。

（二）收、寄件人查询

寄件人和收件人查询快件的方法包括快递企业官方网站、服务电话查询、微信公信号、官方 App 等，当然还有以菜鸟裹裹、快递 100 为代表的第三方查询。微信公众号等新的查询方式对寄件人更方便，而电话查询需要提供诸如收件人姓名、电话或者寄件人信息等。

快件查询越来越人性化，方便性、实用性是快件查询的重要指标，服务质量的优劣越来越成为影响客户选择快递企业的重要因素。

参 考 文 献

[1] 中华人民共和国人力资源和社会保障部.国家职业技能标准——快件处理员:2019年版[M].北京:中国劳动社会保障出版社,2019.

[2] 中华人民共和国国家标准.GB/T 27917.1—2011 快递服务 第1部分:基本术语[S].北京:中国标准出版社,2012.

[3] 中华人民共和国国家标准.GB/T 27917.2—2011 快递服务 第2部分:组织要求[S].北京:中国标准出版社,2012.

[4] 中华人民共和国国家标准.GB/T 27917.3—2011 快递服务 第3部分:服务环节[S].北京:中国标准出版社,2012.

[5] 中华人民共和国邮政行业标准.YZ 0149—2015 快递安全生产操作规范[S].北京:人民交通出版社股份有限公司,2015.

[6] 国家邮政局职业技能鉴定指导中心.快递业务员(中级)快件处理[M].北京:人民交通出版社,2011.

[7] 国家邮政局职业技能指导中心.快递业务员(初级)快件处理[M].北京:人民交通出版社,2009.

[8] 何雄明.快递客户服务与营销[M].北京:人民邮电出版社,2018.

[9] 郑克俊.快递运营[M].北京:清华大学出版社,2020.

[10] 施伟,芦戟.快递业安全生产操作基础教程[M].江苏:河海大学出版社,2020.

[11] 贾铁刚.快递实务[M].北京:电子工业出版社,2019.

[12] 梁华.快递人员业务实操速查手册管理[M].北京:人民邮电出版社,2010.

[13] 李永生,郑文岭.仓储与配送管理[M].北京:机械工业出版社,2006.

[14] 徐家祥,等.速递业务员管理[M].北京:人民邮电出版社,2005.

[15] 张谦.现代物流与自动识别技术[M].北京:中国铁道出版社,2008.

[16] 张剑,马德友,高世平.邮件分拣员[M].北京:人民邮电出版社,2005.

[17] 朱培生.邮件转运员[M].北京:人民邮电出版社,2005.